こころのセルフケア

ストレスから自分を守る20の習慣

中村延江 ＋ 近本洋介 著

金子書房

はじめに
～この本の構成と活用法～

● この本の構成について

『こころのセルフケア　ストレスから自分を守る 20 の習慣』は 2 部構成からなり、二人の著者が分担して書いています。

　二人は一時期、カウンセラーとして一緒に働いていたこともありますが、現在はお互いに少し異なるフィールドで仕事をしています。

　Part Ⅰを執筆している中村延江は大学病院の心療内科で心理を担当し、その後、大学院の臨床心理士養成コースの教員（現在は定年になっていますが）となり、そのかたわら心理相談施設やクリニックでカウンセリングを行ってきました。臨床（カウンセリングや心理療法、健康教育など）の現場では、かなりシビアな悩みをもって相談にこられる方もいますし、特に大きな問題で困っているわけではないけれども日常のストレスを感じていて、もっと元気に過ごしたいという方も多くいらっしゃいます。最近は特に、「ちょっとしたストレスを自分で乗り切る方法を知りたい」という方や、「職場のストレスチェックを受けたのでセルフケアに興味がある」という方も増えています。そういう方たちのお役に立てばと思い、この本を書くことにしました。

　Part Ⅱを執筆している近本洋介は日本の大学院修士課程在学中から臨床でカウンセリング等を行い、大学院修了後、アメリカで健康教育学の博士号を取得しました。その後もアメリカに留まり、大

学で教鞭を取ったり、職場における健康管理、健康増進の仕事に携わったりしてきました。そのような中で、ポジティブ心理学やコーチングなどに基づいたさまざまなプログラムを試みる機会に恵まれ、従来のストレスマネジメントと異なるアプローチの仕方や、それらが生きがいややりがいなどにもたらす効果を目の当たりにしてきました。日本でもそのようなアプローチに気軽にトライしていただきたいと思い、この本を書くことにしました。

　このようにバックグラウンドの異なる二人がそれぞれの切り口で、「日常のちょっと気になることを自分でなんとかできれば」というセルフケアのアイデアを示しています。

　Part I「ストレスから抜け出すために」では、これまでカウンセリングに来られた方のエピソードを参考にして事例を作成し、具体的なセルフケアの方法を示しています。ただし、あくまでも参考にさせていただいただけで、ほとんどが創作です。ですから、どなたか個人のことが示されているわけではありませんが、ストレスから抜け出す方法を知りたくて「専門家に相談してみようかな」と思われた方々のエピソードですので、参考になる部分が多いのではないでしょうか。

　Part II「よりよい自分、楽しい毎日のために」では、「今のところ具体的に困っていることはないけれども、なんとなくすっきりしない」という状態から一歩踏み出して、よりよい自分でいられるようなスキルを提示してみました。もっと生きがいの感じられる、充実した日常を過ごすためのヒントになればと思います。

この本の活用法について

　ストレスに関する本やインターネットサイトがいたるところで見られるようになりました。過労によって不幸にも尊い命を絶たれた方のニュースがメディアで取り上げられたり、職場でのストレスチェックの詳細が法律で義務化されたり、ストレスについて社会の関心が高まっていることの証でしょう。

　ストレスチェックで高いレベルのストレスが疑われ専門家との面接をすすめられた人は、ぜひその機を利用して専門家と相談してください。一方で、専門家との面接は必要でないと判断され、「とりあえず安心したものの、自分も結構ストレスを感じているのだけれど」と思っている人も少なくないのではないでしょうか。面接が必要か否かといった線引きを、特に国の制度のもとに行うことになると、面接対象に当てはまらなかった人は放置されがちになります。

　そうした状況を背景に、この本は、ストレスの重さでつぶされてしまいそうだという段階ではないものの、「なんとなくやる気が出ない」「なんとなく無理をしている」「なんとなく毎日が単調でおもしろくない」などと感じている自分に時おり出会うことのある人のために書かれたものです。「仕事をもっとやりがいのあるものにしたい」「生活をもっと生きがいのあるものにしたい」「人間関係をもっとスムーズにしたい」と思っている人を対象に、日頃からのセルフケア、自己成長に役立つツールを紹介していきます。

　従来の心理学では、ストレスによって病気や行動面、社会面での問題をすでに経験している人々を、なんとか日常生活に適応していけるところまで引き戻すことが主な目的とされてきました。けれども、

こころの専門家に期待するものとして、生きがいややりがい、充実感、幸福感などをどうやって育んでいけるかに関する見解もあるのではないかと、著者らは考えます。幸いなことに、最近、ポジティブ心理学やコーチング心理学などの研究、実践の発展に伴い、人々が自分の特長や自分なりの動機、目的意識、自分らしいやり方に気づき、それを実践に移し、自己成長を促すことを支援する方法が考案、検証されてきています。このような動向を受け、ストレスマネジメントの一歩先を行く、こころのセルフケアや自己成長の手法を、そのエッセンスの説明に加え、事例やワークを含めて紹介することで、読者の皆さん一人ひとりに実際に試していただけるように心がけました。

　この本の出発点は、放っておくと今後ストレス蓄積につながりそうな「なんとなく○○な状況」です。著者らの長年にわたるカウンセリング、ウェルネスコーチングの経験で、実際にクライアントの方から聞くことの多かった悩みを拾い出してみました。次に、「なんとなく○○な状況」のそれぞれに対して、どのようなこころのツール、手法が役に立つか、従来のカウンセリングの枠にとどまらず、最近その有効性が実証されてきているポジティブ心理学などの手法の中から選択してマッチングしてみました。

　この本は最初から順に読む必要はありません。「なんとなく○○な状況」を取り上げた 20 の Scene のうち、タイトルが自分にピンと来たものから読んでみてください。ただ、ひとつだけアドバイスをさせてください。どの Scene にせよ、あなたが読むのに費やす時間を大切にしてほしいと思います。限られた時間の中、この本を

手に取り読んでみようと決心したあなたです。自分への投資に対するリターンを最大限にするためには、なんとなく読み流すのではなく、所々で立ち止まって、自分の状況にどのように当てはまるだろうか、紹介されているツールを使うとどんな利益が得られるだろうか、当てはまらない場合は、何が原因で当てはまらないのだろうかなど、自分に問いかけて、こころの動きを探ってみてください。自分の内側に向かってエネルギーをフルに使う機会です。忙しい日常でそのような機会はほとんどないと思われるので、きっと新たな発見があるものと信じています。

　ただ、そこで終わっては知的なエクササイズに留まってしまいますので、少しずつ日常生活の中でも行動に移してみてください。自分の外側に向かってエネルギーを使う機会です。上手に使えるこころのツールのレパートリーを増やすためには、ちょっとだけ自分の快適なゾーンから踏み出して、新しい方法にトライしてみることが必要です。さらに、最初にトライしたときにはなんとなく不自然に感じることも多くあるでしょう。そこでやめずに、もう少しだけトライを続けたうえで、自分のために役立つかどうかを判断してほしいと思います。

　日常生活の中で利用できるツールのレパートリーを広げ、あなたの道具箱の中にあるツールを増やし、こころの弾力性が高められるようになっていただきたいと思います。

　それぞれのこころのツールに関する説明には、いくつかの工夫をしてみました。

1. こころの動きのエッセンスを文脈の中で理解できるように具体的な例をいくつか挙げること

2. キーワードを通して、基本となる心理学の考え方をコンパクトに整理し、毎日の生活の中に取り入れやすくすること

3. こころのツールや手法を体験して身につけるためのワークやエクササイズを紹介すること

　新しい挑戦のために一歩を踏み出すことは、なかなか容易ではありません。けれども、読者のみなさまには、ぜひ自分にとって安全な空間で練習を重ねて、自分なりの方法を身につけてみてほしいと思います。この本との出会いがみなさまにとって実りあるものになることを願っています。

Contents

相手の役に立ちたいのに、かえって不快な関係になってしまう

決めたことがどうしても実行できない

ひとつのことが頭から離れずにいる

言いたいことをきちんと伝えられない

つい同じパターンを繰り返してしまう

不満ばかり感じて先に進めない

解決をあきらめつつも不満が残る

人前では緊張して力が発揮できない

不安でしかたがない

運動不足をなかなか解消できない

元気が出ない、気分が晴れない

Part I

ストレスから
抜け出すために

ストレスがたまっていると感じたら

《このごろなんとなくすっきりしない》《仕事が負担に感じられて仕事に行くのがちょっとおっくう》《やる気が出ない》《もしかしてストレスがたまっているのかな、でもどうしたらよいのかな》と思っているあなた。

　まず**ストレス**について学んでみましょう。

「仕事量が多くて負担になっているのがストレスかな」

「上司が口うるさくて、ストレスになるな」

「クライアントが勝手なことばかり言うからイヤになるよ」

　など、日常生活ではストレスになることが多くあります。こうしたストレスを引き起こすようなストレス要因のことを**ストレッサー**と言います。

　ストレスについて考えるときには、まず、何がストレスになっているのか、すなわちストレッサーを知ることが重要です。ストレッサーが1つではないこともあるでしょうし、何がストレス要因なのかはっきりしないこともありますね。

　そんなときも含めて、現在のストレス度を考えてみましょう。

● ストレス度を判断する

　ストレス度には、自分で感じる主観的な度合い（「ものすごくストレスを感じる状態だ」「少しストレスになっているかな」など）と実際にストレス状態になっていると判断される度合いとがあります。ストレス状態になると大きく３つの側面で変化が出てくるので、それで判断します。１つめは心（気持ち・感情）の症状、２つめは行動・態度の症状、３つめは体の症状です。

　心の症状としては、つらい気持ち、ゆううつ、イライラ、焦燥感、不安、怒り、やる気の欠如、倦怠感などがあります。

　行動・態度の症状としては、消極的、粗暴・乱暴、落ち着きのなさ、軽率、うっかり、暴飲暴食、閉じこもりなどがあります。

　体の症状としては、不眠、食欲不振、肩こり、頭痛、胃の不快、めまい、動悸といったさまざまな身体症状などが挙げられます。

　これらの症状は循環しています。つまり、イライラして深酒をして胃や肝臓に負担がかかって体に変化が出る、体調が良くないのでさらにイライラする、不安になるということです。

··

Work 1
ストレスチェック

··

　まず、あなたのストレスの原因について考えてみましょう。それに対して自分で感じている主観的ストレス度はどのくらいでしょうか？ また、実際に生活上での変化や症状はありますか？ 先に挙げた3つの側面での症状を当てはめてみましょう。

　職場でのストレスチェックの結果も参考にしてください。特に問題がなかった場合でも、もう一度、自分で振り返ってみることが大切です。

　次のストレスチェックをやってみましょう。

　Iでは、自分でどのくらいストレスを感じているかという主観的ストレス度を評価します。IIでは、ストレスがあるときに心や行動・態度、体に出現する症状をチェックします。リストに沿って、縦の列ごとの4つの小計を足して合計点を出します。点数に対応するストレス度を確認して、自分のストレス状態の参考にしてみてください。

　I　あなたはストレスをどの程度感じていますか？次の当てはまる
　　数字に〇をつけてください。数字が大きくなるほど、ストレスの
　　程度が高くなります。

全く感じていない　| 0 | 1 | 2 | 3 | 4 | 5 | 6 |　とても感じている

Ⅱ 次の質問について当てはまる 番号に○をつけてください。	全く当て はまらない	あまり当て はまらない	やや 当てはまる	とても 当てはまる
① 特に困ったことはないが、 なんとなく焦燥感がある。	0	1	2	3
② こんなはずではなかった という思いがある。	0	1	2	3
③ 人と比べて、どうもついて いないような気がする。	0	1	2	3
④ 他人のしていることが とても気になる。	0	1	2	3
⑤ なんとなく不安な気持ち がとれない。	0	1	2	3
⑥ 毎日の生活に充実感がない。	0	1	2	3
⑦ いつも何かにせかされて いるような気がする。	0	1	2	3
⑧ 自分にはもっとするべき ことがあるような気がする。	0	1	2	3
⑨ 周りの状況に流されて 行動することが多い。	0	1	2	3
⑩ 本当の感情が自分でも はっきりしない。	0	1	2	3
⑪ 自分のすることに自信が ない。	0	1	2	3
⑫ 倦怠感があり、気力がない。	0	1	2	3
⑬ ものごとを悲観的に 考えやすい。	0	1	2	3
⑭ 生きがいがない。	0	1	2	3
⑮ ため息をつくことが多い。	0	1	2	3
小計				
合計点				

（山野美容芸術短期大学／中村延江、東京都健康づくり推進センター）

あなたのストレス度の評価

合計点が 0 ～ 12 点

まず問題はありません。

合計点が 13 ～ 23 点

軽いストレス状態です。自分の考え方、行動の仕方を見直し、ストレス解消を心がけるとよいでしょう。

合計点が 24 ～ 34 点

かなりストレス状態になっていると思われます。リラクセーションを図る必要がありそうです。

合計点が 35 ～ 45 点

日常生活を快適に過ごせないばかりか、支障をきたしているのではありませんか？　専門家に相談することをおすすめします。

あなたのストレス度について

Ⅰで自分ではストレスを感じていない（0～1）と思っているにもかかわらず、Ⅱでストレス度が高く出た場合は要注意です。ストレスを無視したり、ストレスに気づかなかったりしています。自分の考え方や生活の仕方を見直し、自分の心の状態に目を向けることが必要です。Ⅰで強くストレスを感じていて（5～6）、さらに、Ⅱでストレス度の得点が高い場合は早めに専門家に相談しましょう。

● ストレス対処を試してみる

ストレス度が高いと判断したら、次はストレスへの対応を考えます。

何かがストレスだなと感じたときや、自分がストレス状態になっていると感じたとき、あなたはそのことについてどのように考え、また、どのような行動をとるでしょうか?

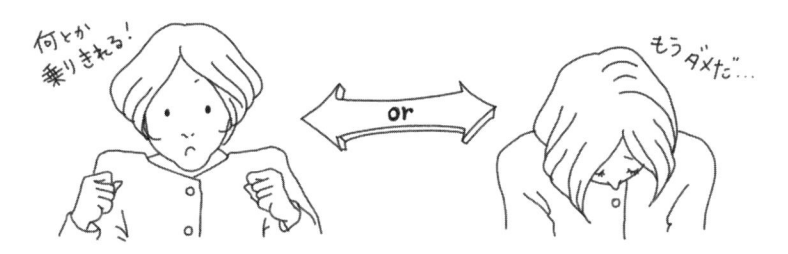

ストレスについて考えたり、行動したりすることを**ストレス対処**と言います。対処には、ストレッサー(ストレス要因)をどうとらえるかというものと、ストレスになっている状態から抜け出すためにどうするかというものがあります。

あなたにとってストレスになっていることの原因を考えてみてください。そして、ストレスに対して自分がいつもどのように行動するかを思い出してみてください。

Exercise

ストレスになったこと:

取った行動:

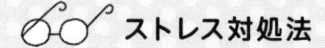 ストレス対処法

ストレスへの対処法はさまざまで、研究者によって分類の仕方も異なっています。ここではそれらをまとめてわかりやすくしたものをいくつか紹介します。

1. ストレスと闘う

起こっていることの問題点をしっかり見極めて、何とかできると考えたら解決に向かって努力する。例えば、仕事上でミスをしたとすればどのように行動すれば問題が解決できるか、情報を集めて解決に向かって行動します。

2. あきらめる

どう考えても解決できなそうもないことはあきらめる。あきらめるコツは何かほかのことをすることです。考えるだけではなく、何らかの行動をすることで忘れることができるでしょう。おいしいものを食べるのももちろんよいですし、運動などで体を動かすのもとてもよいですね。でも、それほど大げさに考えなくても、明日履く靴を磨くとか、好きな音楽を聴くとか、お笑い番組を見るなどというのでも OK です。

3. ストレスを据え置く

ストレス状態になりたてのときはパニックにおちいりやすいものです。とりあえず、その問題を据え置いて、落ち着いてから考えるようにします。「明日があるさ」と気軽に構えることです。

4. 認知を修正する

起こったことを別の面からとらえなおします。肯定的な面から見直すだけでなく、事実を客観的にとらえなおし、その中から肯定的な面をみつけます。

5. 合理化する

「むしろ、それでよかったのだ」と考えます。ただし、やせがまんにならないように。失恋したけれど、自分には合わないことが早めにわかったし、今後もっといい人に出会えるかもしれないから、かえってよかった、などと考えることでしょうか。

6. ストレスを解消する

エネルギーをほかの、自分の好きなことに使って、たまったストレスを発散する。これは誰でも試していることでしょう。特に、運動など体を動かしてエネルギーを発散させることが効果的です。

7. ストレスにひたる・慣れる

思い切ってストレス状態にひたる。そのことへのつらい感情を十分に味わうと、納得がいくものです。そうなると、つらさから抜け出しやすくなるでしょう。

どの対処法がベストということはありません。起こった問題にもよります。ただ、あなたがいつも同じパターンで対処しているようでしたら、さまざまなストレス対処法があることを学んで、いろいろ試してみると、思いがけずよい方法がみつかるかもしれません。

● ストレスがたまりやすい特性は？

ストレスになりやすい特性というのがあります。あなたも思い当たることがあるでしょうか？ 6つのパターンを挙げてみますので、どのくらい当てはまるかチェックしてみてください。

Work 2
6つのストレス特性

下の文章を読んで、自分に当てはまるものに〇をつけてください。

AからFまでそれぞれ10問中いくつ〇がつくかを数えます。3つくらいならその傾向が少しある、5つ以上ならその傾向が強いということになります。

A

01. いつも時間に追われているような気がする
02. 何かに熱中してしまうと、気持ちの切り替えが難しい
03. イライラしてすぐに腹をたてやすい
04. 人の話をさえぎって話すことがある
05. 仕事は人に頼むより自分でしたほうが確実な気がする
06. ものごとはさっさと片づけないと気がすまない
07. 早口で声が大きい
08. どんなことでも人に負けるのは嫌だ
09. 何もすることがないと落ち着かない
10. 待たされるといらいらする

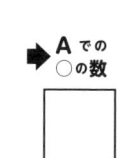

➡ Aでの
〇の数

B

01. ものごとは完璧にしないと気持ちが悪い
02. 融通がきかないほうだ
03. 役割をきちんと果たす
04. 計画どおりにいかないととても気になる
05. ものごとにこだわりやすい
06. 何か始めると徹底的にやってしまう
07. 几帳面でものが曲がっていたりすると気になる
08. 気になることはとことん追求しないと気がすまない
09. 責任感や義務感がとても強い
10. ひとつのことをやりだすと、集中してほかのことに
    目がいかない

 Bでの
○の数

C

01. よく考えてから行動する
02. ちょっとしたことでも気にするほうだ
03. うまくいかなかったことがいつまでも気にかかる
04. 新しいことを始めるのはなかなかできない
05. 緊張しやすいほうである
06. いつも心配事をかかえている
07. 何かに失敗したとき、原因が自分にあると思う
    ことが多い
08. 困難なことにぶつかると、すぐへこたれてしまう
09. 心配性で体の具合をとても気にする
10. 少しでも不安があると行動できない

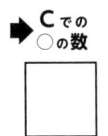 **C**での
○の数

D

01. いつも話題の中心にいる
02. 嫌いな人とは付き合わない

03. ゲームは負けるとくやしいのであまりしない
04. 周囲の雰囲気に乗りやすく、はしゃぎやすい
05. いろいろなことに興味をもつが、長続きしない
06. 人が賛成してくれると安心してものごとを
　　決められる
07. 人から無視されると許せない
08. ブランド品を結構もっている
09. 気に入らないことがあるとすぐ顔に出る
10. ドラマを見ていると、すぐ主人公の気持ちになってしまう

D での
○の数

E

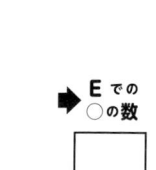

01. トラブルを避けるために妥協してしまうことが多い
02. 人からどう思われているかが気になる
03. 周囲の人の反応を見てから行動することが多い
04. 人に頼まれると断れない
05. 自分の考えをストレートに出せない
06. 自分の感情を抑えてしまうことが多い
07. 期待されるとつい頑張ってしまう
08. 人に頼られると無理をしても面倒をみてしまう
09. 思ったことを言えず、あとで悔やむことが多い
10. 遠慮がちで消極的なほうだと思う

E での
○の数

F

01. ものごとがうまくいくのは運のよい人だけだと思う
02. よい結果を想像してがっかりしたくないので、
　　いつも悪い結果を想定する
03. 努力しても報われることは多くない
04. 悪いことが起こってもいいようにいつも覚悟している
05. ものごとにはあまり期待しないことにしている

06. ちょっとしたことでも、とかく悪いほうに考えがちである
07. 自分は人と比べて劣っている気がする
08. 何かを始めようとするときは失敗するのではないか
　　と心配になる
09. 思いどおりにことが運ぶことはまずないと思う
10. ものごとがトントン拍子にいくとかえって不安になる

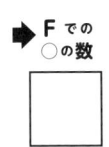
➡ Fでの
○の数

　Aは、**タイプA**と言われる行動の特性です。頑張り屋で負けず嫌いでせっかちな人です。頑張りすぎてストレスをため、心臓血管系の症状を出しやすいと言われています。

　Bは、**完璧主義**です。几帳面で真面目で何でも完璧にこなしたい面があります。仕事をするにはとてもよい特徴ですが、どれも自分が期待するほど完全にはできません。思いどおりならないことはストレスになりやすいものです。

　Cは、**神経質**です。細かいことが気になって思いどおりに何かをすることができません。ちょっとしたことでも不安を感じてしまうのでストレスになりやすい傾向があります。

　Dは、**自己愛傾向**と言われる性格です。共感性があり楽しい性格でもあるのですが、自己中心的で目立ちたがり屋な一方、依存的な面もありますので人とうまくいかないこともあり、ストレスをためがちです。

　Eは、**過剰適応**という日本人に多い特性です。人の目が気になり周囲を気にしすぎて、自己主張が苦手で不満がたまりやすい性格です。

　Fは、**ネガティブ思考**。ものごとをネガティブにとらえがちなので、困ったことが起こる前から気が重くなり、ストレスになります。

　さあ、あなたは自分の特徴がわかりましたか。ストレスを感じやすい自分の特性を理解しておくことで、少しだけ冷静に受け止められるようになるでしょう。ストレスは人によってとらえ方が違いますし、対処法も人によって異なります。お酒を飲むのがストレス解消になる人もいますし、お酒が嫌いな人もいます。カラオケがストレス解消になる人もいますし、歌は苦手という人もいるでしょう。自分に合った方法をみつけてみましょう。

Scene 1
相手の役に立ちたいのに、
かえって不快な関係になってしまう

　あなたはとても親切な人ですね。いろいろな人から相談を持ち掛けられたり、意見を求められたりすると親身になって考えたり手助けをしたりしています。でも、うまくいくときばかりではなく、相談者の希望に添えずに自分でも不全感を持ったりして嫌な気分になってしまうことも多いのではないでしょうか。

　この仕組みを理解するために、優子さんと七海さんのやりとりを見てみましょう。

　こんな具合に、優子さんがいろいろ提案しても「そうね、でも」の繰り返しです。優子さんはだんだんイライラしてきます。七海さんのほうでは、「やっぱり優子さんは彼のことを知らないから……」という感じで、まるで優子さんでは役に立たないとでも言いたげです。優子さんは《いろいろ考えてあげたのに、私の言うことを聞く気はないのね》という思いとともに、役に立てなかった自分に不全感を感じて、不快な気分でやりとりが終わりました。

　あなたが優子さんだったら、この場合、どうするでしょうか？　何と応答したら、自分でも嫌な気持ちにならなかったでしょうか。

 交流分析

　交流分析とは、米国の精神科医エリック・バーン（Berne）が創始した自己分析・対人関係分析の心理学の理論です。

　ゲームは、その対人関係で最終的にはこじれてしまうような人間関係を引き起こすやりとり（コミュニケーション）のことです。

　定義としては、自覚している表面的なやりとりと自覚していない無意識の裏面的なやりとりの2つのレベルによって操作されるもので、かかわっている両方が嫌な感情で終わるという特徴をもつ反復的パターンとされています。ゲームを始める人は相手を操作しようとしていますが、本人は無意識で行っていることなのです。

"Yes, but" のゲーム

　この例は、交流分析のゲームの **"Yes, but"（はい、でも）** と呼ばれるものです。二人とも無意識ではありますが、七海さんは、親切で「人の役に立ちたい」と思っている優子さんにゲームを仕掛けているのです。その目的は実は《どうせ誰も私のために役立ってなんかくれない》という思いを確認することなのです。優子さんは、その罠にはまってしまったのです。そうだとすれば、優子さんはどうしたらよかったのでしょうか。

＊

「最近、彼とうまくいかない、どうしたらよいか」というような相談を友人から持ちかけられたら、あなたならどう応対しますか？

　自分が言いそうなことを書いてみましょう。

Exercise

　それに対して、「そうね、でも」と答えられたらどうするでしょうか？別の提案をしますか？　それとも「じゃあ、勝手にして」と言いますか？

　例えば、自分が「何とかしてあげられる」という思いを捨てて、問題を友人に返すのはどうでしょうか。

　はじめは、いくつか考えつくことを提案してみるでしょう。それでも、"Yes, but" が続くようなら、あなたから「そうなの？　私は彼を知らないしね。あなたが彼との関係をどうしたいかよね。どんな問題がありそうなの？」と質問するのも1つの方法でしょう。

　親切なあなたは、罠を仕掛けられるタイプなのかもしれません。ただし、仕掛けるほうもそれほど悪気があるのではなく、親切なあなたをついターゲットにして無意識にしてしまっていることですから、許してあげてください。

＊

　これと似たような経験をしたことがありますか？　誰かと話していて何となく話が進展せずイライラしたことがあれば、そのやりとりを書き出してみましょう。

Exercise

Scene 1　相手の役に立ちたいのに、かえって不快な関係になってしまう

友人から、「このごろ、仕事の効率が上がらないんだよね。どうしたらよいかな」とか、「職場で同僚と冗談を言い合ったりしたいけど、どうもうまくできなくて、何かよい方法はないかな」とか、「女性の上司とコミュニケーションがとりにくくて、どうしたらよいのかな」など、相談とも愚痴ともとれるようなことを言われた経験はないでしょうか。

親切なあなたは、一生懸命考えていろいろ提案するでしょう。その結果、お互いにすっきりするのならそれでオーケーです。もし、何だかすっきりせず、やりとりが不快感で終わるようであれば、それは「ゲーム」の可能性があります。

思い出した場面では、どんなやりとりから不快な感じが出てきましたか？書いてみましょう。

Exercise

「仕事の効率が上がらない、どうしたらよいか」と言われたときには、「実際に何かそう感じることがあるの？」「効率が上がらない要因として、どんなことが思い当たる？」「具体的に効率が上がるっていうのは量？ 質？ それとも、他からの評価？」というように、質問を返してみてはいかがでしょうか。そうすることで相手の中で「今、自分が問題にしていることは何なのか」が明確になります。

「職場で明るく楽しくコミュニケーションしたい」という相談に対しては、「どんな話をしたいの？」「今はどんな感じで同僚と話ししているの？」「イメージしているコミュニケーションはどんな感じのもの？」といった応答もあるでしょうか。

「女性の上司とのコミュニケーションがとりにくい」という悩みに対しては、「コミュニケーションがとりにくい理由は何？」「どんなコミュニケーションがとれればよいのかな？」「そのためには何をどう変えたらよさそう？」「そのためにできそうなことはどんなこと？」など、本人に解決策を考えてもらいます。

　ゲームの罠にはまらないコツ、不快なやりとりから抜け出すコツは、「ああしたらどう？」「こうしたらどう？」と考えて提案するのではなく、問題を相手に返して、自分で解決策を考えてもらうことと言えそうです。

　人とのかかわり方を見直してみましょう。自分の人づきあいの仕組みがわかれば、きっと不快な気分になるやりとりを減らすことができると思います。

Scene 2
決めたことが
どうしても実行できない

　何かをしようと決心するのだけどうまくいかない、人と約束をするのだけどそのとおりにできない。そのような経験はあるでしょうか？　それはなぜなのでしょうか？

　鈴木さんの例を見てみましょう。

＊

　鈴木さんは 23 歳、男性会社員です。昨年、1 年留年して大学を卒業し、現在の会社に入社しました。明るい性格で課内でも同僚と楽しく仕事をしています。ただ、このところどうしても上司から指示された資料などの提出が間に合いません。自分ではちゃんとやろうと思うのですが、いろいろなことが起こって間に合わないのです。

　先日も、上司から言われていた資料が期日に間に合いませんでした。

上司　　　「今日までに提出と言ったはずだが」

鈴木さん　「すみません。実は友人がケガをして病院に付き添ったので……」

上司　　　「では、週末までに提出してくれたまえ」

鈴木さん　「はい、必ず」

〜〜　週末　〜〜

上司　　　「まだ提出できないのか」

鈴木さん　「すみません、実は熱が出てしまって」

上司　　　「必ず月曜には提出するように」

〜〜　月曜日　〜〜

鈴木さん　「すみません、完成していたのですが、保存しようと思っ
　　　　　　たらパソコンがクラッシュしてしまって……。明日には提出
　　　　　　します」

〜〜　翌日　〜〜

鈴木さん　「保存した USB を電車の中で落としてしまったらしくて
　　　　　　……」

上司　　　「本当に提出する気はあるのかっ！」

鈴木さん　「すみません、僕は何をやっても運がなくて、ダメな奴なん
　　　　　　です」

鈴木さんは落ち込みながらも、《ほらね、やっ
ぱり僕はダメな奴なんだ、蹴っ飛ばしてください
（Kick me！）》と心の中で思うのです。

＊

あなたも何か思い当たることがあれば、書いてみましょう。

Exercise

ゲームはなぜ繰り返されるのか

　鈴木さんの例も、Scene 1 で紹介した**交流分析のゲーム**のひとつ、**"Kick me !"（蹴っ飛ばしてくれ）**というものです。自分では意識せずに、相手を不快にさせて、こじれるような人間関係を作り上げてしまうのです。そんな自分の心の問題に気づく必要があります。

　子どものころから、親に「おまえは何をやってもダメだね」と言われ続けていたりすると、そんな親のメッセージに合わせて、《約束を守れない》《何をやってもダメ》というスタンスがいつしか無意識のうちに自分の生き方になってしまうといわれています。ちょっと不思議な感じがするでしょうか。小さいころ、何かするように言われてもしなかったり、約束を守れなかったりすると、親から「おまえは何をしてもダメだな」「おまえは約束が守れないんだな」と言われたり、叱られたりするのですが、それでも親の関心を引くことには成功したのです。ネガティブなかかわりでもよいから親の関心（承認）を得たくて、それを繰り返してしまうのだと考えられています。人は親から承認されることが生き延びるための糧なのです。これも自分ではまったく意識していないことなのですが……。

　そういえば鈴木さんが大学を1年留年したのも、課題をなかなか提出できず、受容的な教授もさすがにあきれてしまって、単位の修得を遅らせたからなのでした。

　こんな自分の生き方に早く気づいて、そこから抜け出すことが必要です。

　これは、糖尿病で医師から言われている食事制限をどうしても守れない人、禁煙ができない人などにも見られる特徴です。

　今度は、糖尿病の食事制限が守れない武田さんの例を見てみましょう。

＊

医師　　　「食事制限も必要です。まず一日1800カロリーに抑える
　　　　　ようにしてください。カロリーブックを差し上げますから、
　　　　　参考にして食事療法を始めてください」

武田さん　「わかりました、やってみます」

〜〜1週間後〜〜

医師　　　「食事療法はどうですか」

武田さん　「ちゃんと守っていたんですが、友人が来て一緒に食事をし
　　　　　たので、それがきっかけで計画がくるってしまって……」

〜〜さらに1週間後〜〜

医師　　　「今週は、食事療法はどうでしたか」

武田さん　「実は、母親が上京してきて、いろいろ料理をつくるもので、
　　　　　つい食べてしまって……」

医師　　　「う〜ん、まず食事療法が重要なのですがね」

武田さん　「自分ではわかっているんですが、なかなかできないんです
　　　　　よね。私はダメな奴なんですよね」

＊

　そんな自分にうんざりしながらも、武田さんは「またやっちゃったよ、
ハッハッハ」となぜかちょっとホットもしているのです。

👓 セルフモニタリング

　セルフモニタリングとは、自分の考え方、ものごとのとらえ方、感情、そこから発生する行動について観察したり記録したりして、できるだけ客観的に自分を理解することです。

セルフモニタリングで一歩を踏み出す

　無意識に繰り返してしまうゲームのパターンを自覚できたら、次は自分の幼児期からの生き方を振り返ってみましょう。気づくことがよりよい生き方の第一歩なのです。気づいて、自分の不適応なパターンを変えるためには、**セルフモニタリング**が必要となります。

　自分の思考・感情・行動を客観的に理解するのはなかなか難しいものです。コツは自分が尊敬している誰か（リスペクトしている人）ならどう見るだろうかと思い浮かべてみることでしょうか。そして、自分のそのような特徴がどこからきているのかを振り返ってみることです。また、自分の行動を記録してみるのも役立ちますし、自分の中で問題になっていることについて対処法を考えてプログラム表を作り、「できたか／できなかったか」などを記録してみるのも役立ちます。

＊

　武田さんは、食事制限を破りそうなときの自分を振り返ってみました。
「今日くらいは、食べ過ぎてもよいだろう。友だちも来ていることだし」
「母さんがせっかく作ってくれたのに、食べないというのも悪いし」
「どうせ、自分には何かを続けることができないんだし」
「親が、『お前は本当に何も続けられないんだね』とよく言っていたけど、主治医は『あなたは、本当に決めたことが守れないんですね』と言うだろうな」

　そう思うと、それが自分なのだと武田さんは実感するのです。
「でも、どうしてだろうか？」

　こんな考え方をしていると絶対に変われない、糖尿病を治せない、と武田さんは気づきました。

　このとき、「もし、食事制限を守ろうとするのならどうしたらよいのかな」「なぜ、何のために食事制限をするのかな」ということも考えました。

　食事制限をさせられていると思うと、主治医の顔が思い浮かびました。同時に「主治医を喜ばせるための食事制限か？」という考えも頭に浮かびました。自分は、「やっぱりできないんですね」と言う主治医の顔を見たいのかなとも思ったのです。

　はじめは、このようにさまざまに考えが浮かびました。次にそれを整理するようにしてみました。「自分の食事制限の目的は何？」「それがなぜ必要？」「誰のための食事制限？」などをじっくり考えました。そして、カロリーコントロールするための具体案を書き出し、表にして「できたか／できなかったか」を記録することにしました。

＊

　自分の問題に気づいて、それが適応的でないものであれば、これまでと違った考え方やとらえ方、行動を実行してみることです。きっと新しい自分の発見につながり、自分を変えることができるはずです。

　あなたも何か思い当たることがあれば、書いてみましょう。

Exercise

　それについて、なぜ決めたことができないのか、自分の行動を丁寧に見てみましょう。

　例えば、禁煙しようと思ったのについタバコを吸ってしまったとすれば、吸ったときの状況と自分の気持ちをじっくりと思い出してみます。何が引き金となって喫煙したのか、どうしたら吸わなくてすんだのかなどを考えてみましょう。

　そして、考えるだけでなくしっかり書き取ってみましょう。

Exercise

あなたの「やる気」のステージは？

　何かを変えようとするときに留意したほうがよいのが、その人の**「やる気」のステージ**です。あなたはこんなことに思い当たりませんか。

●世の中、禁煙ブームみたいだ。自分はタバコを吸っているが、職場の同僚にもけっこう喫煙者がいるし、どうということもない。

●デスクワークなので運動不足だとは思っている。中年体型にはなりたくないが、運動は苦手だし、今のところ健康診断の結果も大して問題ではないので気にしていない。

●ストレスの多い仕事だがしかたがないと思っている。それほど「やわな人間」ではないつもりなので特に対処は考えていない。

　心身の健康のために現在の考えや行動を変えていこうとする場合、その人がどんな「やる気」のステージにあるかが問題になります。

　プロチャスカ（Prochaska）の「**ステージ理論**」という考え方では、どのステージ（時期）にいるかによって変化の可能性が変わるため、ステージを上げていくことが重要だと言われています。

　ステージには、次の6つがあります。

6つのステージ

無関心期： 問題に気づいていないので、行動を変えようという気はまったくない

関 心 期： 問題があることに気づいていて何とかしないといけないと考えているが、まだ行動に移す決意はない

準 備 期： 問題を解決したいという意思があり、よい方法があればすぐにでも取り組む準備ができている

実 行 期： 実際に課題に取り組み、行動に変化が生じている

継 続 期： 行動の変化を始めて6カ月が経って、その行動を続けている

終 結 期： 行動を始める前に戻る心配がなくなって、問題行動が解決
されている

　問題の質にもよりますが、禁煙の例で当てはめるとわかりやすいで
しょう。

① 喫煙が問題とは思っていないので禁煙する気はまったくない
（無関心期）

② 喫煙の害が盛んに言われていて将来問題になるかもしれないと考え
てはいる
わが子のためにも禁煙しようかとは思っている（**関心期**）

③ 禁煙は簡単ではなさそうだけど、何かよい方法があれば試してみよ
うと思っている（**準備期**）

④ 指導を受けて禁煙プログラムを始めている（**実行期**）

⑤ 禁煙プログラムを経て6カ月間喫煙はしていない（**継続期**）

⑥ 今は煙草を吸う気持ちはまったくなくなった。禁煙しているほうが
気持ちがよい（**終結期**）

　もしあなたが喫煙しているのなら、自分がどの段階なのか当てはめて
みてください。ご自身が喫煙者でない場合、同僚か上司、あるいは身近
な人が喫煙者なら、その人の状態を当てはめてみてください。

今度は、ストレスについて「ステージ理論」をもとに考えてみましょう。

① ストレスの多い職場だけど今のところ別に何ともないし、それほど「やわな人間じゃない」と思っているあなたは、「無関心期」にあると考えられます。

② 問題ないと思っているけれども、同僚から「胃の調子が悪くなったので受診したら、ストレス性の胃炎と言われた」という話を聞いた。彼がそれほどストレスに弱いタイプだと思っていなかったので、意外だった。そういえば、最近肩こりがひどいが、自分でもストレスと関係があるような気がする。こんなあなたは「無関心期」から「関心期」に向かっているのかもしれません。

③ そういえば、仕事がきついなと思うようなことが増えた。やっぱりストレスなのかもしれない。何とかしなければ、と思い始めたあなたは「関心期」にいます。

④ どうしたらよいのかと思い、ストレス対処のよい方法についていろいろ情報を集めたいと考え始めているあなたは「準備期」にいます。

⑤ セルフケアから始めてみようと、自分のストレスについて考えて当てはまりそうな技法を試しているあなたは「実行期」に入りました。

この本を手に取ったあなたは、「関心期」の手前か「関心期」、あるいはすでに「準備期」にいるのではないかと思います。心身が快適になるように、ぜひ「実行期」に進むことをおすすめします。

Scene 3
ひとつのことが
頭から離れずにいる

　以前に経験した嫌なことがなぜだか頭から離れず、前に進めずにいるということがあるでしょうか。

　松村さんの例を紹介してみましょう。

＊

　27歳の松村さんは営業の仕事をしています。先日、クライアントとの交渉の席でうまく営業ができなかったと思っていたところ、相手の会社の課長が「松村さんは営業に向いていなそうだね」と言っているという話を耳にしました。自分では、それほど向いていないとも思っていなかったのですが、課長の言葉が気になって頭から離れません。最近はクライアントと会うのも気が重くなるくらいです。

＊

　こんな気持ちを払拭するにはどうしたらよいでしょうか。

自分に言い聞かせる

　人の思考（認知）や行動は、学習して身につくものです。普通は何回か繰り返すことで学習するのですが、ショックな経験はたとえ1回であっても学習されてしまうことがあります。もしそれが不適応を起こす思考や行動であるならば、さっさと消去することです。

　消去するには、消去したい思考や行動に対して反対のことを自分に言い聞かせるとよいのです。しっかりと声に出し、自分の耳でよく聞きます。松

村さんの場合は、毎朝、出がけに鏡の中の自分に向かって「今日の営業はうまくやれる」と声に出して言うようにしました。

〈頭で考える〉→〈目で見る〉→〈声に出す〉→〈耳で聞く〉というように、いろいろな感覚器官を動員することでその行動が定着しやすくなります。

　これは学習理論をもとにした行動療法の1つである「**断行訓練**」といわれるものです。

＊

　山本さんは、先週、仕事でミスをしてしまいました。上司から「これから気をつけるように」と言われてその件は終わったのですが、先週のミスがどうしても頭に浮かんできて仕事に行く気にもなれません。

＊

　もしあなたなら、どんなフレーズを作って自分に言い聞かせますか。あまり長くなく、言い切れる言葉を考えてみましょう。鏡に映る自分をしっかり見ながら声に出してその言葉を繰り返します。山本さんは、「ミスしたことは取り戻せる」という言葉にしました。

Work 3
自分説得文

　忘れたいのになぜか頭から離れないことはありませんか？　例えば、会議でうまくプレゼンできなくて上司の賛同が得られなかったこと、後輩からの指摘に動揺して言葉が返せなかったこと、同僚が自分の陰口を言うのを聞いてしまったこと……。

　あなたが消去したい思考・行動を書き出してみましょう。

　そして、そんな自分をどんな言葉で説得しますか？　具体的な「**自分説得文**」を『　』に書き入れてみましょう。

Exercise

消去したい思考・行動：

自分説得文：

『

』

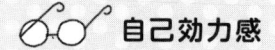 自己効力感

　自己効力感とは、あることをしようとするときに、自分がどのくらいやり遂げられるか、このくらいはできるだろうか、という予想・考えです。言い換えれば、あることをやり遂げられるだろうという自信のことです。自己効力感がしっかりとあるほうが結果がよいと考えられています。もちろん、自分の力に対する客観的な評価もある程度は必要ですが、自信をもって取り組むほうがうまくいくものです。

　社会的学習理論を提唱したバンデューラ（Bandura）は自己効力感が高まる要因として

　① 実際に自分でやってみて、うまくいく体験を重ねる

　　（成功可能な簡単なことからはじめるのが重要です）

　② うまくやっている人を観察して、それをお手本にしてやってみる

　③ 自分や周囲から「うまくできる」と説得してもらうこと、うまくいったらほめる、ほめてもらう

　④ 生理的に快適な状態で、よい気分で行う

　等を挙げています。

　前のワークのように自分で自分に言い聞かせて、「やれる」という自信を確認することは、自己効力感を高めることになります。

Scene 4
言いたいことを
きちんと伝えられない

　誰でも、自分が人からどう見られているか気になるものです。でも、人の思惑や顔色ばかりが気になり、きちんと伝えなくてはならないこともうまく伝えられなくて後悔してしまうことはないでしょうか。

　例えば、職場から早く帰ってしたいことがあるのに、上司に飲み会に誘われた場合、あなたはどうしますか?

　《ここで断ったら付き合いの悪い奴と思われるだろうな》《もう誘ってもらえないかも》《同僚の〇〇さんは行くのか》と、いろいろ頭に浮かぶことでしょう。確かに、人との付き合いは難しいですよね。特に日本の会社社会では難しさを感じる局面が多いかもしれません。

　誘われてすぐに「行きません」ときっぱり言うのも愛想がないし、でも家でやりたいこともあるし──そんなとき上手に自分の気持ちを伝えて、相手が気を悪くしないように断るには、その場を想定してシミュレーションしておくことが役に立ちます。このシミュレーションは頭の中だけで考えるよりも実際にやってみることが効果的です。

うまく誘いを断るには

　シミュレーションのためのよい方法があるので紹介します。

　まず、椅子を2脚用意して、向かい合わせに置きます。1つはあなたの椅子、もう1つは相手(上司)の椅子です。

　最初に相手の椅子に座って、そのときの状況を思い浮かべながら、その

人が言った言葉を自分に向かって言ってみます。すぐに自分の椅子に座り
なおして、それに対して答えます。

上司　　「今日、仕事が終わったら飲みに行こう」

あなた　「えっ、今日ですか」

上司　　「そうだよ、たまには付き合えよ」

あなた　「あ、は、はい」

上司　　「○○君も誘ったら行くと言っていたよ」

　交互にそれぞれの椅子に座って再現してみましょう。相手の椅子に座っ
て再現してみると、相手の気持ちも少しわかる気がしませんか。では、誘っ
てくれた気持ちも考えながら、相手に何と言ったら、行かないことに気持
ちよく了解してもらえるでしょうか。

Work 4
誘いを断る

　まず、相手（上司）の椅子に座って、相手のセリフを言ってみましょう。
それに対して、あなたは何と答えますか？　自分の椅子に座って、あなた
のセリフを言ってみましょう。

上司　「今日、仕事が終わったら
　　　　飲みに行こう」
あなた

....

....

上司　「たまには付き合えよ」

あなた

....

....

上司　「○○君も誘ったら行くと
　　　　いっていたよ」
あなた

....

....

　この言い方は相手の性格にもよりますし、状況にもよります。ですから決まった断り方というものがあるわけではありません。

　ここで大事なのは、自分の中の優先順位をしっかり持つことです。その上で相手が納得してくれるような理由を明確に伝えることです。

　はじめからうまくはいかないでしょう。何回も椅子に座りなおして、やりとりを実践してみてください。何回か試してみると、この断り方なら自分の言いたいこともきちんと伝わるし、相手も了解してくれるだろうという応対が見えてきます。

＊

馬場さんの場合は、以下のような応対でした。

上司　　「今日、仕事が終わったら飲みに行こう」

馬場さん「**あっ、今日ですか？　誘ってくださってありがとうございます**」

上司　　「たまにはいいだろう、付き合えよ」

馬場さん「**誘っていただいて大変うれしいのですが、今日は家でどうし
　　　　てもしなくてはならないことがあるんですよ**」

上司　　「いいじゃないか、○○君も誘ったら行くと言っていたよ」

馬場さん「**それは残念ですが、この用事というのは**………（以下略）」

　この理由は、まったくの嘘ではなく、実際にやろうとしていることについて相手が「それならばしかたがないな」と思うようなことを述べます。内心、気が進まないという場合は、「どうも疲れているのか、気分がいまひとつ乗らなくて……。こういう日は飲まないほうが体のためにもよいと思うので、せっかく声をかけてくださったのにすみません」と言うのも一案です。

● 相手にきっぱりと言うには

　ほかにも、言いたいことがあるのに、どうしても言えなくて後悔することはありませんか？　何人かで何かを決めるときに自分の考えとまったく違う結論になりそうで不本意に思うのに、自分の意見が言えないといった状況です。

＊

　後藤さんは、会社の女性ばかりのグループのメンバーです。特に仲良しというわけではないのですが、同年配の5人で女子会をしたりランチにでかけたりする間柄です。その中に、なぜかいろいろなことを取り仕切っている畠山さんという女性がいます。年齢は後藤さんと同い年です。

　何を決めるのにも、いつも彼女の意見が優先されます。面倒なのか、誰も反対する人はいません。先日も、知り合いのジャズコンサートがあると言って、彼女が押し切るような形で、そのチケットの一人当たりの引き受け分を決めてしまいました。後藤さんにはどう考えても負担が大きいので断りたかったのですが、誰も何も言わないので、後藤さんも何も言うことができませんでした。

＊

　後藤さんは、理不尽だと思いながら、なぜ断れなかったのでしょう。上手に断るにはどのような言い方があるでしょうか。

　さあ、椅子を使ってシミュレーションしてみましょう。自分が後藤さんだったら彼女に何と言うでしょうか。...........の部分にセリフを書き入れてみましょう。そのとき、彼女に嫌われることより自分が納得できることを優先して、やりとりを考えてみてください。大切なのはあなたの気持ちです。

Exercise

畠山さん　「今度、友人のジャズコンサートがあるの。す
　　　　　　ごく盛り上がってとても楽しいから、みんな
　　　　　　で行きましょう。そのあと、みんなでお食
　　　　　　事もしましょう」
みんな　　（黙って「フンフン」聞いている）
畠山さん　「それでね、チケットをみんなに５枚ずつ引
　　　　　　き受けてもらえたら助かるの。コンサートに
　　　　　　しては安いし、会場の雰囲気もいいから、
　　　　　　ただ集まってお食事会するよりいいでしょ？
　　　　　　友人を応援したいの。みんな協力よろしくね」

あなた

上手に後藤さんの立場になって意見を言えたでしょうか？

　後藤さんは、何回かいろいろな言い方を試してみました。最終的には
次のように言うことができました。

＊

　後藤さん　「それは楽しそうね。でも、安いといってもチケット５枚と
　　　　　　　なると、私には負担だわ。協力はしてあげたいけど」
　畠山さん　「あら、チケットは誰かに買ってもらえばいいのよ。せっか
　　　　　　　くの機会だし、みんなでパーッと楽しみましょう！」
　後藤さん　「そうね。でも、ほかにもお金を使いたいことはあるし、直

接知らない方に協力するには少し高額だと思っているの」

畠山さん　「じゃあ、行かないってこと?」

後藤さん　「行きたいとは思うわ。でも、5枚のチケットは私にはとて

　　　　　　もさばけないから、自分で負担することになるとちょっと

　　　　　　きついの。だから、自分の分の1枚を買わせてもらえる?」

　どうでしょうか?　あなたはどう対応して自分の考えを伝えることがで

きましたか?

　ほかにも、自分の考えや気持ちを伝えたいことがあるのにうまく表現

できないと思っていることがあれば、それを書き出して、椅子を使った練

習をしてみましょう。ある状況をイメージするのでもよいですし、誰か特

定の人を対象として考えてみてもよいでしょう。

　2脚の椅子を使って相手とのやりとりを体験する手法は、ゲシュタルト

療法の技法で**エンプティチェア・テクニック**（空っぽの椅子技法）と呼ば

れるものです。

Scene 5
つい同じパターンを
繰り返してしまう

　自分ではなぜかわからないけれど、いつも同じパターンのコミュニケーションや行動を繰り返し、その結果、お決まりの不快な気分になってしまうことはありませんか？　例えば、「勉強でも仕事でも趣味で始めたことでも、すぐやめてしまう」「うまくいきかけていても、なぜか続けられない」ということはありませんか？

　飯島さんと小川さんの場合を見てみましょう。

＊

　飯島さんは、32歳の女性会社員です。ずっと同じ職場ではないものの一応仕事を続けてはいます。優秀で何でもそつなくこなせるので、会社を辞めても比較的すぐに次の仕事がみつかるのです。でも始めた仕事がうまくいっていても、何か自分で理由をつけて辞めてしまうのです。辞めさせられるわけではありません。むしろ期待されたりするのです。そればかりか向学心もあり、いろいろなスクールにもトライして入学しています。でもそれも長続きしません。授業料を払っていても具合が悪くなって通えなくなったりして退学してしまうのです。自分では「こんなことではいけない、ちゃんとした仕事を続けなければ。それには資格でも取って安定した職につかなければ」とは思うのですが……。

　飯島さんは、5歳のときに両親が離婚し、母一人子一人で育ちました。お母さんは飯島さんを育てるためにかなり苦労をしたようです。専業主婦だったお母さんは、特に手に職があったわけでもなく、小さな会社の

事務の仕事をがんばり、簿記の勉強もしながら、飯島さんを育ててくれ
ました。そのためいつも「手に職を持つことが大切」「努力して何かを身
につけることが重要」と言い続けていました。

　飯島さんは、勉強はそこそこできたので大学進学を希望していたのです
が、母親の強い希望で（経済的な事情もあり）資格の取れる専門学校へ
進学しました。ところが、専門学校在学中に母親は倒れて突然亡くなって
しまいました。学校は何とか卒業し、就職しました。仕事はできるほうな
ので、周囲からは評価され期待もされたのですが、飯島さんにはそれが
負担に感じられることが多くありました。そのうえ、何か後ろめたいよう
な気がしてしかたがないのでした。辞めたくなるというより、なぜか不安
になって続かなくなるのです。むしろ続かなくなったらどうしようという
気持ちもあるようでした。飯島さんは、その感情についてよく考えてみま
した。けれども、そうした自分の行動に対してはっきりと意識できるよう
な理由はなかなかみつかりません。

＊

　小川さんは、37歳の男性公務員です。仕事はまあまあですが、まだ独
身で付き合っている人もいないので、それがこのところ気になってはいま
す。同期が全員既婚者であることも、何となくプレッシャーになっていま
す。お見合いも何回かしたのですが、うまくいきません。自分でもうまく
いくはずがないと思っていました。あるとき、数回目のお見合いをしたと
ころ、お付き合いをしてもよいという返事をもらい、お付き合いを始めま
した。うまくいっていたのですが、自分ではどうしてうまくいっているのか
わからないでいました。そのうち、相手の実家が遠方にあって、いずれ帰
りたいと思っているという話になりました。今すぐのことではないけれど

も、それも頭に入れておいてほしいということでした。小川さん自身は三男ですし、両親はもう他界しています。実家に帰るつもりもありません。でも、それを理由に何となくギクシャクするようになり、結局破談になってしまいました。年上の既婚の同僚にその話をしたところ、「あら、それは残念ね。今度はうまくいくかと思っていたのに。小川さん、破談になってホッとしているみたいに見えるけど。難癖つけて、よいお話をダメにしてしまったみたいね」と言われました。それで、はっとしたのです。いつも「うまくいくはずがない」と思い込み、うまくいかないと「ほら、やっぱり」とがっかりしながらも、ホッとしている気がしました。

＊

　周囲の評価は高いのに仕事や学校を辞めたくなってしまう飯島さんや、うまくいきかけたお見合いが破談になってホッとしている小川さんが、自分でも気づかないうちに、いつも同じパターンを繰り返してしまうのはなぜなのでしょうか？

自分との対話

　自分自身についてよく考えるときのコツは、ただ思いめぐらすのではなく、自分の心との対話をすることです。私たちの心には、主体としての**主観的自己**と客体としての**客観的自己**が存在します。この２つを声に出しながら、やりとりをしてみます。

　先の例の飯島さんは、自分の心と対話するうちに、自分がしている仕事は本当にやりたい仕事ではない気がして充実感がもてず、続かなくなっていることに気づきました。上を目指して学校に行っても、やはり違う気がするのでした。自分と対話をしていてふと思い出したのは、現在の資

格を取った仕事は母の希望だったということでした。そして「何とか上を目指さなければ」という思いも母が言い続けていたことで、母を喜ばせるためにしていることである一方、その期待を裏切ることになったらと思うと不安になるのだと気づきました。

　そこで、今、自分が本当にやりたいことを自分に聞いてみました。自分との対話です。身につけた技術も無駄ではないし、向学心自体は本当の自分の気持ちでもあるように思い、もう一度やり直したいと考えるようになりました。自分で決めたことは自分の責任でやり遂げられるものです。

　2例めの小川さんも、今回のいきさつについてじっくり自分の心と対話してみました。すると、「いつも何をやっても思いどおりにはいかないものだ」「うまくいったが、後がこわい」と思っていることに気がつきました。よく考えてみると、自分は子どものころから両親や兄たちに「おまえは何をやってもうまくやれないんだね」と言われていて、実際、兄たちのようにはできずに両親や兄たちに頼るくせがついていた気がします。小川さんは、「これでは一人前の大人として結婚するのは無理だ。このような子どものころの考えから抜け出そう」と思いました。

　人は子どものころの周囲からの評価に振り回されてしまっていることも多いようです。それに気づいて抜け出すことで、本当に自立できるのかもしれません。

「脚本」から抜け出す

　交流分析の理論のひとつに「**脚本**」というものがあります。

　脚本は、親（親的立場の人）の無言・有言のメッセージを受け取り、無意識のうちに自分で決めてしまっている生き方を指します。この脚本が不

適応を引き起こしていることが多いのです。自分の脚本を知って、それに振り回されているようであれば、抜け出すことが必要です。

　飯島さんと小川さんの話は、無意識のうちに自分の中に形成した脚本に振り回されていた例といえます。もうひとつ、高橋さんの例を紹介しましょう。

＊

　高橋さんは40歳の女性です。6歳のときに両親が離婚し、実母は高橋さんを残して出ていってしまいました。すぐに継母がきましたが、子どもが嫌いな人で、結婚するときに父親と約束したからということで、高橋さんの養育はまったくしませんでした。手伝いにきていた親戚のおばさんが高橋さんの面倒を見てくれましたが、ほとんどの時間は一人で過ごすことが多く、さびしい中で成長しました。

　高橋さんには、両親と一緒にご飯を食べた記憶はほとんどありませんでした。高橋さんが親から与えられたメッセージは「近づくな」というものでした。頭もよく努力家の高橋さんは、勉強もがんばりそこそこの仕事に就いていますが、どうしても周囲の人を信頼することができません。人と関わりたいのですが表面的な付き合いになりがちで、何かトラブルに見舞われるとすぐ離れてしまうことが多いのです。

　彼女の脚本は、幼児期に実母に去られ、継母のみならず父親からも構ってもらえなかったことによって作られた、「人に近づいてはいけない」「人は自分から去っていく」「人は信頼できない」なのでした。

＊

　わかりやすいように少しシビアな例をあげましたが、ここまでではなくても親からのメッセージを取り込んで脚本を作ってしまっている場合は多いものです。

　では、あなた自身の脚本はどのようなものでしょうか？　自分でも理由ははっきりわからないけれども、同じことを繰り返してしまったり長続きしないことがあれば書いてみましょう。

Exercise

　次に、自分の心と対話してみてください。その際、自分の幼児期の感情体験を思い出してみましょう。もちろん、よいことも含めてです。子どものころに何か心に決めたことはありますか？　それが脚本のもとになっている可能性があります。

　自分を縛っているメッセージに気づいたら、それを解除しましょう。

　高橋さんの場合は、親しい友人との関わりの中で、「人に近づいてもよい」ということを体験して、新しいメッセージを自分に言い聞かせるようにしました。

Scene 6
不満ばかり感じて
先に進めない

　菊池さんは、30歳の男性会社員です。社内では同僚とうまく付き合っていますし、仕事もそこそここなしているつもりですが、半年ごとの勤務評価は悪くはないもののあまり芳しくはありません。同じような仕事ぶりの同僚のほうが、いつも少し評価がよいようです。評価は自己評価表に基づいて課長が査定するのですが、どうも課長がちゃんと自分を見てくれていないようだと、菊池さんは感じています。自分に回される仕事も実力を発揮できないものばかりのように思っています。特に嫌われているとも思えないのですが、課長はしっかり部下を見ていないので、きちんと評価できていないのだと不満をもっています。これでは出世にも影響すると、気が気でない菊池さんです。

＊

　菊池さんのように、「自分はちゃんと評価されていない」と不満を感じることがありますか？　もちろん、世の中にはいろいろな人がいて状況もそれぞれ異なりますが、大半の人にとって、自分が思うとおりにことが運ばない経験や正当に評価されていないと感じることは少なからずあるでしょう。こうした状況を解決するにはどうしたらよいでしょうか？

● 周囲や相手を責めたくなるとき

　「ディスカウント（値引き）」という考え方があります。買い物をするとき

の「ディスカウント」にはお得な響きがありますが、ここで言うディスカウントは、自分や相手、状況に対して低く見積もることを指します。

　例えば、なんらかの事態に直面したときに、自分の能力（できること）をディスカウントして積極的に取り組まなかったり、相手をディスカウントして相手の能力不足のせいにしたり、状況をディスカウントして「しかたがない」とあきらめたりして、問題解決を避けることを言います。

　菊池さんの例に戻りますが、課長は本当に部下をきちんと見ていないのでしょうか？　菊池さんは、課長をディスカウントしているのではありませんか？　そして、もし正当に評価されていないと感じるのなら、何か自分ですることはないのでしょうか？　どうにもできないと思っているとしたら、菊池さんは自分をもディスカウントしていると言えるでしょう。

＊

　あなたにも不満に感じていることがあれば、書き出してみましょう。

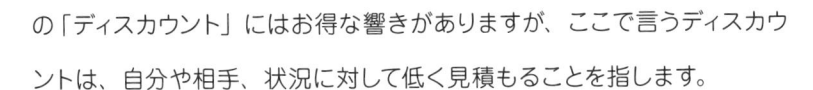

Exercise

　そして、解決するためにできることはないか考えてみましょう。正当な評価を得るためには、まず自分のとらえ方から見直すことです。相手や状況、さらに自分をディスカウントしていないでしょうか?　あなたにできることが、きっとあるはずです。

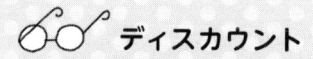 ディスカウント

ディスカウント（値引き）とは、交流分析の理論のひとつで、起こったことの解決に役立つ情報をカウントしない（無視する）ことを指します。値引きには、**自分**の能力に対するもの、**相手**に対するもの、**状況**に対するものがあります。そして、うまく解決できないことに対してイライラしたり、あきらめて状況に合わせつつ不満感をもったり、怒りを感じたりするのです。

　自分ができることを冷静に客観的に考えてみたり、相手の行動を促したり、状況を見極めたりすることで事態が好転する可能性があるにもかかわらず、それらをカウントしないことを言います。

Scene 7
解決をあきらめつつも
不満が残る

　織田さんは、仕事で打合せに出かけました。午後からの約束だったのでランチをしてから行くことにしました。カフェに入り、すぐできそうなものを頼んだのですが、注文したものはなかなか来ません。黙って待っていましたが、とうとう時間がなくなってしまい、食事はあきらめて仕事先に向かうことにしました。時間の余裕を見て頼んだつもりでしたし、早くできるものと聞いて注文したのに時間内に来なかったのですが、「そんなものだろう」とあきらめ、黙って支払いをすませてカフェを出ました。でも、お腹は空いているしお金を損したという思いも強く、お店に対する怒りもあり、織田さんは不快感いっぱいで午後の打合せに行くことになりました。

＊

　織田さんはどうすればよかったと思いますか？　自分に当てはめて、対応を書き出してみてください。

Exercise

61

あなたは、どんな対応を思いついたでしょうか？　ウェイターを呼びつけてどなる？　かえって不愉快な思いが募るかもしれませんね。どならないけれども、まだかと聞いてみますか？　それとも、織田さんのようにイライラしたままあきらめますか？

● あきらめる前に

織田さんの行動は2つの**ディスカウント**に基づいています。ひとつは自分の能力に対する値引きです。問題の解決に対する「自分では何もできないからしかたがない」という考えです。もうひとつは状況に対する値引きです。「時間がないときはこんなものだ」というあきらめです。

でも、本当にそうでしょうか？　ウェイターをどなることはどうかと思いますが、穏やかに、なぜこんなに時間がかかっているのか訊いてみることはできるでしょう。どうしても時間が間に合わなければ、はじめの約束と違っているので返金してくれるように言ってみる、ということもできます。置かれた状況をしっかりと見極めて、自分の能力や状況に関する情報を把握して行動することが必要です。

● 消極的な相手に対して

江藤さんは49歳の課長職です。新しいプロジェクトではみんなで力を合わせてよい仕事をしたいと考え、部下にも意見を求めるのですが、誰からも何も出てきません。しかたなく自分の意見を言ってしまうと、それが通ってしまうことが多いという状況です。部下の消極的態度に腹が立つ反面、部下を育てられない自分の力のなさを責めてしまったりもします。

*

これは、どうやら江藤さんが部下の能力を値引きしていることに原因がありそうです。そして、問題を全部引き受けることで、「依存する⇔依存させる」という共生関係を作ってしまっているのです。江藤さんが部下との共生関係を脱するにはどうしたらよいでしょうか?

あなたなら、部下や同僚に対して、依存させてしまうことを避けるためにどのような対応をしますか? 具体的に考えて、書き出してみましょう。

Exercise

ひとつには、部下が意見を言いやすい状況を作ることでしょうか。日ごろから部下とのコミュニケーションを図り、お互いに風通しのよい雰囲気になるよう心がけることが、リーダーの役目と言えそうです。また、意見を聞く際には漠然とした質問をせず、具体的な提案が出そうな投げかけを意識することも大切です。

何よりも大事なのは、部下の能力をディスカウントしないことです。同様に、自分の力のなさを責めることも解決にはつながらないと、いつも心に留めておきましょう。

Scene 8
人前では緊張して
力が発揮できない

「近々、他の部署にプレゼンを行う予定があるけれども、考えただけで緊張してくる」——人前で何かしなければならないことや話さなければならないことがあると、緊張してしまいますね。これは慣れていなければ当たり前のことです。自分ではそのつもりはなくても、無意識のうちに、人からどう評価されるか、人からどのように見られるかを考えてしまっているのでしょう。

心と体は心身相関、心身一如です。心が緊張していると、体も固くなっています。逆に、体がリラックスしていると、心もゆったりします。緊張を解くにはまず体の力を抜くことです。ちょっとした「**リラクセーション**」のコツがあるので試してみましょう。

Work 5
リラクセーションの技法

呼吸法

まず姿勢です。椅子に深めに座りましょう。椅子は背もたれがないものでよいのですが、背もたれがある場合でも寄りかからないようにして座ります。椅子の高さはひざが直角になるくらいが適切です。絵のように、足を少し開いて（男性はこぶし2個分、女性はこぶし1個分）、手は腿の

上に伏せておきます。首を少し前に傾け、背骨に直接頭の重みがかからないようにします。少し前かがみになりますが、腰はぐったりしないように気をつけます。

　姿勢ができたら軽く目をつぶり、口を軽く閉じて鼻からゆっくり息を吸います。息を吸うときは腹式呼吸で、横隔膜を下げて肺を全部使うようにします。お腹をふくらませるようにするとよいでしょう。吐くときは、口から吸ったときよりゆっくりと、お腹がぺちゃんこになるまで吸った息を全部吐ききります。息を吸ったときは胸筋や腹筋に少し力が入ります。吐くときにその力を抜くようにします。

　このようにして4～5回深呼吸をします。息を吐きながら力を抜くように心がけ、力が抜けてきたと思ったら、いつもの自然な呼吸に戻します。そしてゆっくり呼吸を続けながら、「気持ちが落ち着いている」と心の中で唱えます。このとき、自分が落ち着くような風景等をイメージするとよいでしょう。

　これを2～3分続けていると体の力が抜けて気持ちもゆったりとしてきて、心身のリラクセーションが図られます。

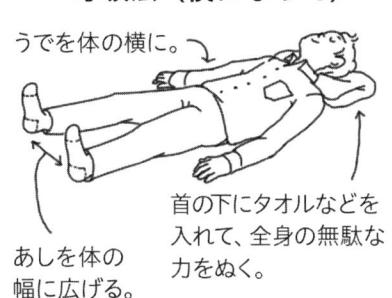

呼吸法（横になって）

うでを体の横に。

首の下にタオルなどを入れて、全身の無駄な力をぬく。

あしを体の幅に広げる。

消去動作

　ある程度リラックスできたと思ったら「消去動作」を行います。消去動作は、リラックスして抜けた筋肉の緊張を日常生活に必要な分だけ取り戻すための動作です（立ったり、字を書いたり、物を持ったりといった何気ない日常の動作にも筋肉の緊張が必要です）。

　目を閉じたまま、腿の上の手を握ったり開いたりします。4～5回繰り返したら、腕の屈伸を4～5回行います。その後、両手をしっかり伸ばして大きく伸びをします。伸びをして手を下ろしながら、息をスーッと自然に吐きます。これも2～3回繰り返し、それからゆっくりと目を開けます。

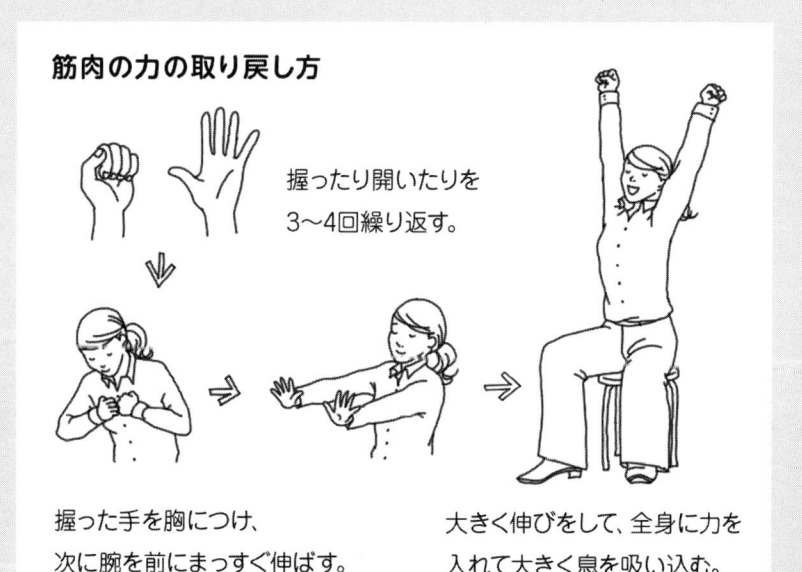

筋肉の力の取り戻し方

握ったり開いたりを
3～4回繰り返す。

握った手を胸につけ、
次に腕を前にまっすぐ伸ばす。

大きく伸びをして、全身に力を
入れて大きく息を吸い込む。

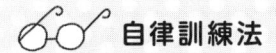 **自律訓練法**

　自律訓練法とは、ドイツの精神医学者シュルツ（Schultz）によって創案されたリラクセーションの技法です。「**公式言語**」を心の中で繰り返し唱えることで、自己暗示的にある状態を作り上げ、心身のリラックスを図るというものです。その中で技法の基礎となるのが「標準練習」です。標準練習は、０公式から第６公式までの７つの公式からなっています。**呼吸法**は気持ちを落ち着けるための**背景公式**（０公式）です。**消去動作**は自律訓練法を実施したあとの締めくくりとして行います。可能であれば、標準練習すべてを身につけることが望ましいですが、背景公式だけでも十分に効果があるとされています。

　この方法は「**自律訓練法**」の標準練習の前段階である背景公式に当たるものです。自律訓練法にはほかにもさまざまなリラクセーションの技法がありますが、呼吸法と消去動作を実践するだけでも十分にリラックスできるはずです。試してみましょう。

Scene 9
不安で
しかたがない

　28歳の佐々木さんは、先週、仕事で発注ミスをしてしまいました。これから気をつけようとは思うのですが、またミスをしたらと考えると不安でしかたがありません。心配のあまり、かえって注意がおろそかになりそうな気さえします。過ぎたことは忘れてがんばりたいのですが、どうしても不安感にさいなまれてしまいます。

不安を打ち消す

　怖いことや不快なことが心に浮かんできて、不安な気持ちをぬぐいきれないときには、あえてそれとは逆の楽しいことをイメージするようにします。好きな映画や、楽しかった先日のコンサート、友人と出かけたスポーツ観戦のことを思い出してみましょう。あるいは、来週予定している仲間とのバーベキューのことでもよいです。以前見た雄大な景色やかわいい動物の写真、心和む動画を思い浮かべるのもよさそうです。とにかく、心地よい気持ちになることで頭を満たしてみましょう。

　これは行動療法の1つである「**逆制止理論**」に基づいたものです。Scene 3で紹介した**断行訓練**と似ていますが、拮抗する状態を意識して取り入れるというところが少し違っています。

逆制止療法

　逆制止療法は、逆制止理論に基づいた療法で、行動療法の代表的研究者であるウォルピ（Wolpe）が創始しました。ウォルピは、ある反応が生じると同時に起こる他の反応の強さを弱めるように作用する事態を「逆制止」と呼びました。

　不安や恐怖は緊張を生みます。楽しいことはリラックスにつながります。そして緊張とリラックスは逆の心身状態なので、同時に起こると互いの状態を弱めます。弱めたい状態に対しては、反対の状態を生起させることが効果的だということです。不安や嫌な気持ちが生じたときには、リラックスするような快適な気持ちを思い浮かべると、緊張状態が弱まります。

　あなたも、何か不快なことが頭から離れず、不安感がぬぐいされないということがありますか？　もしあれば書き出してみましょう。さらに、それとは反対の、思い浮かべると楽しくなるようなことも書き出してみましょう。

Exercise

不安に感じていること：

⇕

思い浮かべると楽しくなること：

Scene 10
運動不足を
なかなか解消できない

　渡辺さんは、35歳の男性会社員です。先月の健康診断でいくつか問題が指摘され、日常での生活活動を増やすように保健師から言われました。ハードな運動は必要なく、軽い運動を継続的に行うことを提案されています。自分でも運動不足を感じているので、言われたとおりにしようと思っているのですが、なかなか実行できません。

＊

　生活を変えよう、何かを身につけたいとは思うけれども、なかなかうまくいかない。例えば、仕事や旅行で使えるように英語をマスターしたい、体力をキープするために水泳をやりたい、ジムに通って体を絞りたいと思うのに、いざ実行しようとすると腰が重くなる、あるいは続けられない、ということがあるでしょうか。

「できる」を後押しする

　頭ではあれこれ思い描いていても、実際に行動に移すことは容易ではないものです。つい、できない理由をあげて、おっくうなことをあきらめてしまいがちです。あなたが本気で実行したいと思うのであれば、考え方を逆にして、「〜だからできない」という理由ではなく、「こうしたらできる」という条件を探してみるとよいでしょう。

　例えば、ジョギングを始めようと思ったけれども走る場所がなかった。では、どこなら場所を確保できるかを考えてみる、といった具合です。よ

いシューズがなくて始められなかったとしたら、どうすればよいシューズ
を手に入れられるかを考えてみます。

　そのほかにも、「できる」を後押しするのに役立ちそうな方法をいくつ
か紹介します。

● モデリング

　ひとつは、自分と同じようなことをうまくやっている人をモデルにしてま
ねをしてみることです。これは心理学用語で「**モデリング**」と言います。

　人は小さいころから誰かをモデルにまねをして学習してきているので
す。おはしの持ち方も鍵の開け方もブランコのこぎ方も、親やきょうだい、
先生、友だちのしていることを見ならいながらやってみて覚えたものです。
大人になっても自分のモデルになる人をみつけて見ならうとよいでしょう。

　きちんと運動を続けていて成果をあげている人がいたら、その生活ス
タイルを見てまねしてみます。会社の同僚は、生活活動を増やすために
エレベーターを使わずに階段を上り下りして運動量を確保しているかもし
れません。あるいは、人気のアウトドアブランドのウェアを着て、気分を
高めているかもしれません。その人がしていることをまねしてみましょう。
もちろん自分で工夫するのもオーケーです。

● 仲間をつくる

　何かするときに仲間がいると実行しやすく、長続きしやすいものです。
一人きりだと「一日ぐらい休んでもいいかな」
と甘えの気持ちが出ることもありますが、誰
かが一緒ではそうそうサボる気にはならな
いでしょうし、人によっては「負けられない」
と張り合う気持ちも出てくるからです。

　仲間をつくるときのコツは、自分と実力ややる気が拮抗している相手を選ぶことです。あまり差がありすぎると、どうせ自分とは違うからと思って脱落しやすくなります。マラソンをしていて先頭集団から遠ざかってしまうと、首位をねらう気が失せてしまうのと同じでしょうか。

● 形から入る

　外見を整えることで気持ちがついてくることもあるものです。例えば、上質な服を着ると背筋が伸びたり、エレガントな格好をすると歩き方も優雅になったりしますね。それと同じで、思い切ってかっこいいシューズを用意すると、すっかりアスリート気分になってジョギング熱が高まったりもするのです。ちょっと無理して形から入るのもひとつの方法です。

＊

　あなたにも、実行しようと思っているけれども始められない、あるいは続けられないということがありますか？　やってみたいと思うことを書き出して、なぜ始められないのか、なぜ続かないのか、理由を挙げてみましょう。そのうえで、どうしたら実行できるかを考えてみましょう。

モデリング

　モデリングはバンデューラ（Bandura）が提唱した学習の理論です。直接行動することなく、他の人の行動とその結果を観察して新しい行動を身につけたり、自分の行動を修正したりすることです。人は、他者の行動をモデルとして観察することで学習効果が得られると考えられています。代理体験や観察学習、社会的学習ともいいます。

Exercise

実行したいと思っていること:

始められない・続けられない理由:

どうしたら実行できるか:

　生活習慣を変えるのはなかなか大変なことです。くじけそうな気持ちに打ち勝てるように、あなたにとって魅力のある後押しの方法をできるだけたくさん考えてみましょう。きっと役に立つアイデアがみつかるはずです。

Scene 11
元気が出ない、
気分が晴れない

　松田さんは、30歳の男性会社員です。先月のはじめから朝起きるのがつらく、職場に行くことを考えると気持ちが落ち込んでしまうようになりました。何とか出勤はするものの、仕事の能率が上がりません。

　実は、2カ月くらい前にインフルエンザにかかって少し長期に仕事を休み、そのとき周囲の同僚に迷惑をかけてしまったことがありました。職場に戻ると、休んでいる間に人間関係が少し変わったように感じました。課長から声をかけられることが減った気がしますし、同僚たちもよそよそしい感じがするのです。

《長いこと休んで迷惑をかけたので、きっとみんな気を悪くしているのだ》

《課長も、仕事を振ってもまた休まれたら困ると思っているに違いない》

《自己管理がなっていないからだと思われているだろう》

《みんなが自分を非難の目で見ている気がする》

　松田さんの頭の中にはいろいろなことが次々に浮かんできて、以前のように職場で自然に話すことができません。そんなことで悩んでいるうちに、朝起きられなくなってしまったのでした。

元気が出ない状態から抜け出す

　上の例では、松田さんの強い思い込みがつらい状況をつくっていると言えるかもしれません。かたよった思い込みはつらい感情を引き起こし、ゆううつな気持ちを増幅させます。

でも、自分ではなかなか思い込みに気づくことができないものです。客観的に自分の思い込みを見直すためにノートを使って書いてみましょう。

～まず、職場に入っていった場面をイメージします～

●そのとき頭に浮かんだ考えは？

　みんなよそよそしいな、声をかけづらい、
　自分を批判的に見ているようだ

●そのときのつらい気持ちは 0 ～ 100% で表すと何%？
　どうしてそう思う？

　90% くらい。この間休んで迷惑をかけたから。
　でもインフルエンザだったからしかたがないけど

●よそよそしいと感じるとして、
　その理由は何かほかに考えられない？

　朝の忙しい時間帯だったのかな。
　自分が入っていったことに気づかなかったのかも

●そう思ったときのつらい気持ちは何%？

　50% くらい

90% のつらい気持ちが 50% になりました。
少し気持ちが落ち着きますね。

　こんな感じに、自分としっかり対話してノートを埋めていきます。無理によい方向にもっていこうとするのではなく、現実的・常識的にその場面をどうとらえられそうか考えてみます。小さなことですが、それらが積み重なって、つらい気持ちが少しずつ変化していくものです。

　松田さんの場合、長期に休んだのではない状況だったらどうだろうかと考えてみるのもよいですね。もし、本当に休んで迷惑をかけたことが原因だとしたら、迷惑をかけたことに対して誠意をもって謝り、今後の対応をきちんと説明すれば、周囲も納得するのではないでしょうか。

　これは「**認知療法**」の技法です。認知（物事のとらえ方）が思い込みになっていないかどうか、自分で検証して客観的な認知のしかたに修正しようとするものです。

　ある場面ですぐに頭に浮かんでくる考えを「**自動思考**」と言います。自動思考の浮かび方はその人が持っている心のあり方によって異なります。この心のあり方を「**スキーマ**」と呼びます。心の鋳型みたいなものでしょうか。その人の認知のくせとも言えます。悪いほうへ考えてしまうくせがあると、否定的な自動思考が浮かびやすいものです。場合によっては、事実と異なる思い込みにおちいることもあります。そして、それに伴って感情も判断も行動もネガティブになってしまうのです。

　エレベーターで同僚と乗り合わせた。「よう」と声をかけたのに、同僚はそのまま自分の課のある階で降りてしまった。なんかそっけない気がした。自分に対してわだかまりがあるのか、関わりたくないと思っているのかと少し不愉快になった —— こんな場面をイメージして、あなたも自分の認知のくせを探ってみましょう。

Work 6
自分との対話ノート

何か嫌な気持ちになってしまうことを思い出して、ノートに書いてみましょう。

Exercise

〜嫌な気持ちになった場面をイメージする〜

●そのとき頭に浮かんだ考えは？

●そのときのつらい気持ちは 0 〜 100% で表すと何%？
どうしてそう思う？

●その考えは現実的？　ほかに考えられることは？

●ほかの考えかたをすると、つらい気持ちは何%？

　自分の思い込みで偏っていた考えが客観的になると、ものごとのとらえ方がネガティブからポジティブに変わります。それによって感情もよい方向へ変化するため、ゆううつな気分、落ち込みも解消していきます。

　ノートを利用して、考え方や認知の仕方を見直してみましょう。

気分が晴れない、気持ちが沈んでいる状態について

　嫌なこと、つらいことがあってゆううつというのは、ごく普通の心の状態です。しばらくして何となく気持ちが落ち着いてきた、少し元気が出てきたのだとすれば、「時間」という薬がきいたのでしょう。気にしなくてもだいじょうぶです。

　一方、原因はわかっているけれど、ゆううつな気分が続き、日常生活に影響しているとすれば、何か対応をしたほうがよさそうです。これという大きなことは思い当たらないけれど、持続的なストレスで気分の沈んだ状態になることもあります。

　気分の落ち込みには、服用しているお薬や、けがなどの身体的要因から出現している（**外因性**と言います）ものもありますし、これという原因がなく突然起こるものや、個人の特性によるもの（**気分障害**と言います）もあります。場合によっては、ハイな状態と落ち込みを繰り返すものなどもありますので要注意です。

　さて、原因のはっきりしているストレスや持続的なストレスによって気分が晴れない場合の対応ですが、気力がなく何もしたくない、寝ていたい、ボーっとしていたいと思うところを、無理やりにでも動いてみることが大

事です。服を着替える、お茶を飲むなど、日常の小さな行動でよいので、とにかく体の状態を変えます。布団の中でいろいろ考えても変化は起こりません。座っている場合はまず背筋を伸ばして、口角を挙げて無理にでも笑い顔を作ります。不思議なもので、体の状態を少し変えることで気分がついてきます。動き出せるようならしめたものです。少しずつ動きを増やしましょう。

　それもできないという場合は少し重症です。そんなときは「これはエネルギーが枯渇しているのだ、ガソリンのない車を動かすことはできない」と考えて体を休めてください。「こんなこともできない」などと自分を責めてはいけません。エネルギーがたまるのを待とうとします。病気でなければ、エネルギーは必ずたまってきます。動けるようになったら、自分の好きなことから少しずつ行動範囲を広げていきます。

　もちろん気がめいることの程度は心身の状態にもよりますから、**抑うつ感**がひどいようであれば専門家に相談してみましょう。セルフケアとは、すべて自分で何とかするということではありません。**自分で判断して専門家の力を借りることもセルフケアなのです。**

● Memo ●

～ 気がついたこと、試してみたいことを書き留めておきましょう。～

ほめられるのが苦手

なかなか決心がつかない

言われたことに反発してしまう

がんばっているのに充実感がない

やる気が出ない、続かない

何をやってもうまくいかない気がする

どうしても許せないことがある

一日が 25 時間あればと思う

単調な毎日をリセットしたい

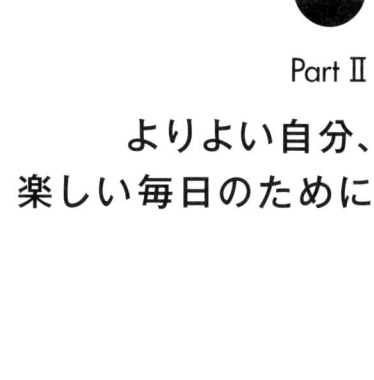

Part Ⅱ

よりよい自分、
楽しい毎日のために

毎日を幸せに生きるための 語 彙 <ruby>ボキャブラリー</ruby>

　言葉には驚くべきパワーがあります。

「私には夢がある (I have a dream)」

　これは、アメリカで黒人の人権保護を主導したマーティン・ルーサー・キング牧師による、有名な演説の中核となった言葉です。肌の色に関係なく、すべての人間が同等の権利を持つというビジョンを明確に効果的に示したキング牧師の言葉は、黒人をはじめ人種差別に反対していた人々に感動を与えただけでなく、白人に対しても新たな思考のフレームワークをもたらすことで、公民権運動の展開に大きな影響を与えました。"I have a dream"というたった4つの単語からなる言葉がアメリカ国民のエネルギーを方向づけたのです。

　また、ヨーロッパでは、バチカンのシスティーナ礼拝堂から白い煙が立ち上がり、多くのカトリック教徒が教会の頂点に立つ新しいローマ法王を心待ちにするなか、フランシスコ・ローマ法王が現れ、こう訴えました。

「私のために祈ってください (Pray for me)」

　これまで、信徒がローマ法王にお祈りをお願いするのは普通のことでしたが、法王が自身のための祈りを信徒に求めたことで、民衆と肩を並べる法王の印象が人々の心に強く刻まれました。フランシスコ法王はカトリック教徒に限らず、広くキリスト教徒以外の人や、

これまでローマ法王を敬遠していた人たちの心にも、他者への思いやりを謙虚に伝えることに成功しました。

　もっと最近では、SNS を通じて広がった「# MeToo」という言葉が、セクハラに苦しんできた人たちに力を注いでいます。

　このように、私たちを元気づけてくれたり、鼓舞してくれる言葉がある一方で、発言した本人のみならず周りの人までも、元気を消失させたり、気分を害したり、うんざりさせてしてしまうような言葉もあります。例えば、みんなが新しいアイデアで盛り上がっているのに、「そんなこと言ったって……」とか「無理だよ〜」などと頻発する人がいて、その場の勢いがしぼんでしまったことはありませんか？　ランチのお店や飲み屋を選ぶときに、「なんでもいい」「どこでもいい」と言われ、なんとなくグループのテンションが下がってしまったことはありませんか？

　条件反射的に出てくる言葉、口癖とも言えるものは、周りの人にも自分にも影響を与えます。また、口に出さなくても、自分の心の中で繰り返される言葉も、案外、自分の元気やアクションの決定に多大な影響を与えるものです。

「自分にできるはずがない」「しかたない」「私はいつも不幸だ」などの独り言を心の中で連呼していると、いざ問題に直面したときに、なんらかの解決策を探してみようとがんばったり、思い切って行動に移そうという気が起こりにくくなってしまいます。これは、Scene 6、7で紹介した「**ディスカウント**」の理論と同じ考え方です。

● 自分の口癖に気づく

　では、あなたにとって、条件反射的に出てくる、口癖になっている言葉は何でしょう？　実際の会話を振り返ってみたり、心の中を探ってみてください。

　あなたが使いがちな言葉をいくつかみつけたら、今度はそれが**ポジティブ**に働いているか、**ネガティブ**に働いているかを見極めてください。ポジティブとは、自分や周りをハッピーにするものだけに限らず、やりがいや生きがい、自分が大切にしている価値観を守ったりするのに役立っているものも含みます。ネガティブは、自分を卑下したり、自分の可能性を限定したり、後悔を招いたり、周りとの関係をギクシャクさせたりするものです。

　例を参考に書き出してみましょう。

Exercise

自分の口癖	ポジティブ	ネガティブ
無理だよ		✓
しかたない		✓
すごい！	✓	
楽しみ～！	✓	

　ネガティブなもののほうが多くてもがっかりしないでください。
Scene 17「何をやってもうまくいかない気がする」でも取りあげて
いますが、自分に対して厳しく、友人には絶対に口にしないような
言葉で、自分を非難する傾向を持つ人は多いものです。ここで大切
なのは、「このようなネガティブな口癖を意図的に変えられるか?」
という点です。

《口癖は自分の考え方を反映しているので、どうしようもない》と
思っている人もいるかもしれません。実際、考え方を変えるのには
時間がかかりますし、簡単な方法ではなかなか定着しないものです。

　そこで、まずは語彙を学ぶことから始めてみてはいかがでしょう
か。あなたを元気づけるポジティブな言葉のパワーを借りて、次第
に対人関係や自分の心の動きの方向性などを変えていくことを提案
します。

　このあと、いくつか具体的な場面をあげて考えてみたいと思いま
す。毎日を幸せに生きるための語彙(ボキャブラリー)を、一緒に
増やしていきましょう。

Scene 12
ほめられるのが
苦手

　私は仕事で日本人とアメリカ人との間の通訳をすることがよくあります。日本の医師やヘルスケア関連のビジネスに携わっている人がアメリカのメディカルセンターや大学医学部の研究所などを訪問するような場合です。

　通訳をしていて一番困るのは、専門用語や技術用語ではありません。日本文化に根ざした習慣ともいえますが、日本人のほぼ全員が訪問先におみやげを持参します。それはそれでよいのですが、おみやげを渡す場面での通訳で困ってしまうのです。そのときの会話はこんな感じです。

日本人　　　「これ、ほんの少しですが……」

アメリカ人　「ありがとうございます。とても素敵ですね」

日本人　　　「いえいえ、本当につまらないもので恐縮です」

アメリカ人　「本当に素敵で、とてもきれいですよ」

日本人　　　「そんなによいものではなくて、恥ずかしいばかりです」

　文章にするとコメディーのようですが、これがけっこうありがちな会話なのです。

　最初のころは通訳者としての精神にのっとって日本語の発言を忠実に訳していたのですが、アメリカ人側のキョトンとした腑に落ちない表情を見るのがつらくなり、やり方を変えてみました。日本人の方々の発言の意図について文化的な背景の説明を付け加えるようにしたのです。「〇〇さん

は『こんなつまらないもので恐縮です』と言っていますが、これは日本固有の習慣で、相手に謙遜の意を表すものですので、気にしないでください」といった具合です。国際会議の場でこれをやると大変なことになってしまうのですが……。

あるアメリカ人から、「彼女はもっとほめ言葉がほしいの?」と聞かれたこともあります。

もちろん、謙遜が美徳とされる日本社会において控えめにふるまうことを否定する意図はありません。文化的に形成されてきた語彙は、前のページで紹介した条件反射的な口癖として反映されていると考えることができそうです。ただ、それを意識的に見直すことで、対人関係をよりよいものにする可能性が探れるのではないかと思うのです。

おみやげをもらった相手は喜んでいます。それであれば、形式的な表現よりも、**一緒に喜びを分かち合える、共感できるような言い方**のほうが、より相手との距離を縮められるのではないでしょうか。

＊

ビジネスでのお付き合いや目上の方であれば、「お気に入りいただけて嬉しいです」、友だちであれば「気に入ってもらえてうれしい。よかった!」という具合に、気持ちを素直に表してみることをおすすめします。

職場で「プレゼン、とてもよかったよ」と言われたときに、どのような言葉が条件反射的に出てきますか? 「もっと……を……すればよかったのですが」とか「おかげさまで」などでしょうか。それらの言葉はいったん脇に置いて、別の言い方にトライしてみましょう。相手がほめていることを否定しないのが肝心です。どのように言えば、成功したプレゼンについて一緒に祝杯をあげることができるでしょうか。

「うまくいって本当によかったです」「あの質問にも答えられてよかったです」など、いくつか考えられるかと思います。

ほかにも、「そのセーター、素敵ですね」とほめられたときのことを想像してみてください。「そんなことありません」「セールだったんです」「もう古いんですよ」と言ってしまいそうなところを、相手からのポジティブなコメントを素直に受け取り、「とても気に入っているんですよ」「似合うかなと心配だったので、とても嬉しい!」という具合に返してみましょう。相手と一緒に喜べるボキャブラリーをどんどん増やしていけるとよいですね。

では、次のことを言われたときに、それを素直に受け止め、一緒に喜び、ポジティブなエネルギーを相乗させる力を持つあなたなりの言葉を考えてみてください。

Exercise

相手　「料理とってもお上手ですね」

あなた

相手　「企画書よくできてるよ」

あなた

次に、実際に自分がほめられたり、ポジティブなコメントをもらった例について思い出してみましょう。次回、そのような状況に遭遇したときにトライしたい言い方を考えてください。

過去に、ほめられたりポジティブなコメントをもらったりした状況

次回、そのような状況に遭遇したら、相手に何と言いますか?

このように前もって完璧に準備を整えておけるとよいのですが、予期していないタイミングでほめられたりすることもあります。そんな場合は、何はなくとも「**ありがとうございます**」「**ありがとう**」を最初に言うことです。ほんの少しですが、それで時間を稼いでいる間に喜びの気持ちを素直に表現する次の言葉を考えましょう。

最初は慣れないかもしれませんが、ポジティブな言葉を返すことでその場の空気がどう変わるか、ぜひ試してみてください。

Scene 13
なかなか
決心がつかない

「選択をすること」は生きているかぎり私たちの使命です。昼食に何を食べようか、どこで食べようか、誰と食べようかといった選択。どんなスーツを買おうかという選択。新しいサービスのアイデアについて上司に話してみようか、話すとしてもいつどのような形で話すのが一番よいだろうかといった選択。小耳に挟んだ友人の悪口をその友人に伝えようか、それとも伝えないほうがよいかといった選択。深夜にテレビのニュースを観ようか、それとも明日の大切なミーティングに備えて早めに床に就こうかといった選択。転職しようか、それとも今の職場でがんばり続けようかといった、ときには、その選択によってその後の人生が大きく変わるようなものもあります。

「選択できる」と「選択しなければならない」の狭間で

現代社会はモノにあふれ、個々人の好みの違いが尊重されます。これは、コーヒーショップで飲み物をオーダーする場面を見ていればすぐに感じられるでしょう。コーヒーひとつとってみても、カフェインのありなし、ミルクに含まれる脂肪分のパーセント、ミルクが嫌な人は豆乳でもアーモンドミルクでも、温度も熱いのが好みの人はエクストラホットと、カスタマイズは思いのままです。自分が思い描いたとおりのものが「選択できる」ということは、幸せなことのように思えます。

一方で、見方を変えると、「選択できる」ということは、実は「選択し

なければならない」ということです。「何かを選択する」ということは、「**他を選択しないという選択をする**」ということなのです。

　社会が物質的に豊かになったことで選択肢が増えてきました。また、インターネットの普及もあり、それらの選択肢に関する情報が誰でも簡単に手に入るようになりました。そうしたなかで、「他を選択しない」ことがとても難しくなってきています。

　例えば、昼食をとるレストランを決める状況では、レストランは何軒もあるので、その中から1軒を選択しなければなりません。他のレストランには行かないという選択をするわけです。どこにしようかと決める過程を心の底から楽しんでいるのであればよいのですが、インターネットで何軒ものメニューを見比べて、値段も細かく比較し、場所の便利さも考慮し、行ったことのある人にも意見を求め、ようやくここだと決めた瞬間に、もしかすると他にもっとよいところがあるかもしれないと心の中に疑いがよぎる経験をした人はいませんか？　実際に、その疑いのために、振り出しに戻ってまた迷い始める羽目におちいった人もいるのではないでしょうか。

　丸一日、何軒もの店を回ってついに買った洋服を持ち帰る電車の中で、《本当にこれでよかったのか、もしかするともっとよいものがどこかにあるのではないか》と疑い始め、当初のハッピーだった気持ちが台なしになったことはありませんか？

　選択肢が増えて、選べるようになったことで、かえって不幸せになるようでは困ってしまいます。そこで、「選択」という私たちが日々

直面する課題について、私たち自身にやさしい形でどのように取り組んでいけるかを考えてみたいと思います。

その選択は最高！

人間の心の動きの特徴のひとつに、経験したことに自分なりの解釈をつけるとホッと安心するというものがあります。例えば、アメリカ人の会話でよく耳にする言葉に、"Perfect！（完璧！）""Great！（最高！）""Fantastic！（素敵！）"などがあります。

「隣町のタイ料理のレストランに行こうか？」「Perfect！」

「あなたが先に概要を話して私が詳細を話すようにしましょうか？」「Great！」

「あと5分くらいで家に着きます」「Fantastic！」

といった具合です。

そのレストランに行くことが本当に「完璧」なことなのか、プレゼンの分担のしかたが本当に「最高」なのか、5分で帰宅することが本当に「素敵」なことなのかは、一考の余地があるかもしれません。ただ、今日のランチに、タイ料理のレストランに行ってもイタリア料理のレストランに行っても、それがその後の人生を左右するようなことはほとんどないでしょう。だったら、能天気に感じられるかもしれませんが、その選択に対して「完璧！」「素敵！」「それって（超）最高！」と、自分の中でも周りの人にも言い切ってみてはどうでしょうか。そうすることでホッと安心して、次のもっと重大な選択課題に立ち向かえるようになるわけです。

このような日常のありきたりの選択に関して、私たちの幸福感や充実感に影響を与えるのは、「何を選択するか」ではなく、その「**選択の結果をどう感じるか**」です。そこで、いったん選択したモノやコトに対して、「完

壁！」「素敵！」「それって（超）最高！」などの言葉を使って、ポジティブ
な解釈、説明、ネーミングを明確にする習慣をつけてみてはどうでしょう
か。そうすることで、《もっとよい選択肢があったかもしれない》と疑い
が湧いて迷いに逆戻りするのを避けることができます。

　では、日常場面で、あなたが選択に困ることや、選択したあとに後悔
しやすい状況を思い浮かべてみましょう。さらに、その迷いを振り切るよ
うな、自分の選択を積極的に肯定する言葉を考えてみてください。

Exercise

日ごろ、選択に困ること、選択したあとに後悔しや
すい状況

その選択を肯定するために、何と言いますか？

人生上の選択では

　とはいえ、私たちが直面する選択はすべてがそんなに軽いものではな
く、なかには人生を左右するような選択もあります。そうした状況で背
中を押してくれるキーワードを、スタンフォード大学の d.school をはじ

めとしたヒューマン・センタード・デザイン（人間中心設計）の動きの中からピックアップしたいと思います。

「**プロトタイプ**」「**試行改善**」「**イテレーション**」「**バージョンアップ**」──なかには耳慣れないものもあるかもしれないこれらの用語に、人生上の選択を行う際のヒントがありそうです。

人生にはそもそも究極的に正しい選択というものは存在しません。受験勉強などで懸命に1つしかない正解を求めてきた私たちには、とても受け入れにくい事実かもしれませんが、正解が1つしかないとか、一番よい選択肢が明確に存在するといった状況は、人生ではまれなことです。

そこでデザイナーがすすめるのが、「**プロトタイプ**」の作成です。自分の価値観や人生観に「より近いだろうと思える」選択肢に基づいて、人生のプロトタイプを作成します。プロトタイプとは「原型」という意味です。その言葉が示すとおり、それにずっとしがみつく必要はありません。プロトタイプははじめから試行錯誤のためにあるものだからです。あくまでも、うまくいくかどうかを「試してみる」ことが目的なのです。

試行錯誤という言葉を上で使いましたが、デザイナーがすすめるのは、「**試行改善**」という言葉です。プロトタイプを試す、その目的は改善することにある、ということをより意図的に明確に示すものです。

さらに、その改善の過程を示すのが「**イテレーション**」です。システム開発の分野では何度も繰り返して完成度を高めていく過程をイテレーションと言いますが、人生における私たちの選択についても、修正を重ねることで完成度を高めているという意味で当てはまりそうです。「私はキャリアについて3回目のイテレーションを楽しんでいます。あなたは？」といった会話ができるようになると、後悔や不安に縛られずに、人生を左右す

るような選択にも前向きに直面できるようになるのではないでしょうか。

　今、迷っていること、あるいは将来、遭遇しうる可能性のある人生の
分岐点を思い浮かべて、プロトタイプを考えてみてください。プロトタイプは試行改善するためのものなので、1つに限ることはありません。い
くつかあるほうが、自分によりフィットするものを見極めやすくなります。
プロトタイプを挙げたら、それを改善するためのイテレーションのプラン
を検討してみましょう。

Exercise

私が試行改善したいプロトタイプは

・

・

・

その選択を肯定するために、何と言いますか?

　人生には、最終プロダクトなんてないのかもしれません。最終プロダクトができあがってしまったら、その後の人生はおもしろくなくなってしまうことでしょう。生涯にわたってプロトタイプの試行改善を行いながらイテレーションを重ね、次々と「**バージョンアップ**」を繰り返していく。人生上の選択に直面した際は、そんなデザインの発想法を思い出してみるとよいかもしれません。

Scene 14
言われたことに
反発してしまう

　子どものころに親から「宿題は終わったの?」とか「部屋を片づけなさい」と言われ、「今やろうと思っていたのに」とか「この番組が終わったらやろうと思っていたのに」と反発したことはありませんか。実際に親に対して口答えをした場合もあるかもしれませんし、自分の心の中でつぶやくのにとどめて、しぶしぶ親の指示に従った場合もあるかもしれません。

　大人になってからも、車を駐車するときに同乗者から隣の車との間隔について注意されたり、義理の両親宅でせっかく後片づけを手伝っているのに細かいやり方について指摘され、反感をもったことはありませんか。

　職場ではどうでしょう。上司から資料の訂正を指示されたり、電話応対の仕方を注意されたり、交渉方法のアドバイスを受けたりしたことはありませんか?　そんなときに、「はい、わかりました」と表立っては受け止めるものの、胸の中で「そんなこと言ったって!」とか、「だって、しかたがなかったのに……」と反発を感じない人はほとんどいないはずです。

「そんなこと言ったって!」からの脱皮

　このような反応のパターンは人間にとって極めて自然なもので、英語では **"Yes, but"**(はい、でも)と呼ばれています。ただし、"Yes, but"の語彙は注意して使わないと、元気をへこませたり、可能性を限定したり、関係をギクシャクさせたりすることがあります。自分の考え方、やり方、習慣を変えなければならないような指示や依頼、ときには心底、私たち

のことを思っての、ためになるアドバイスであるにもかかわらず、それらを受けると、私たちは自然と現状維持を求めたくなってしまいます。そして、なぜ変えないほうがよいかについての理由を次から次に考えだそうとするわけです。

　Scene 1 では、相手の **"Yes, but" のゲーム**に巻き込まれない方法をお伝えしましたが、ここでは自分自身の "Yes, but" の心の動きに気づき、抜け出す方法を提案したいと思います。

　もしも、ある状況であなたの心に "Yes, but" の語彙が浮かんだら、そして、本心ではその状況を変えたいと思っているのなら、"but" を "and" に置き換えてみてはいかがでしょうか。これは**"Yes, and"**という手法で、もともとは即興コメディ（インプロブ）の分野で「相手からの投げ掛けを受け入れ、さらなるアイデアを追加する」技術として発展し、今では組織心理学、リーダーシップ心理学で利用されているものです。"but" が "and" に変わることで、心の方向にも変化が生じるはずです。「そんなこと言ったって！」から、「いいですね、それなら○○」「なるほど、そこで○○」「さらには○○」への脱皮というわけです。

　オフィスでの上司との会話を例に見てみましょう。

上司　　「このパワーポイント、ちょっと込み入っていて読みにくいので、
　　　　　もっと見やすくしてくれるかな」

⇨ "Yes, but" に基づく心の動き

あなた　《そんなこと言ったって、もと原稿を書いたのはあなたでしょ》
　　　　　《そんなこと言ったって、すべてが重要な情報なのに》

"but" で反発したい気持ちをグッとこらえて、心の中で "and" に置き換えます。

➡ "Yes, and" に基づく応答
あなた　「確かに。どうしたらもっとすっきりできるか、工夫してみます」

いかがでしょうか？　"Yes, and" の声に従って、図を増やしてみたり、動きのあるスライドを追加してみたりすると、さらによいものが生まれる可能性が高まる気がしませんか？

今度は日常生活に場面を変えて、健康診断で医師や保健師から減量をすすめられたとします。あなた自身も体重が気になり始めてはいたものの……

⇨ "Yes, but" に基づく心の動き

あなた「ええ、減量が必要なのは
　　　　わかっているんですが、
　　　　なかなか難しくて」
　　　「ええ、でも、これまでに何
　　　　度もトライしたけれども、長続きしたことがないんです」
　　　「ええ、でもジムに通う時間もなくて」
　　　「ええ、でも接待の席でヘルシーなメニューを選ぶことは難しくて」
　　　「ええ、でも遺伝なので仕方ないんです」

"Yes, but" が限りなく出てくることでしょう。これは、Scene 2 で紹

介した**"Kick me！"**（蹴っ飛ばしてくれ）のゲームを無意識に始めてしまっている状態ともいえます。こんなときも、"but"で言い訳したくなる気持ちをグッとこらえて、"and"の語彙を投入します。

➡ "Yes, and"に基づく応答

あなた 「ええ、そうですね。どうしたら減量できるか考えてみたいと思います」

「ええ、そうなんです。外食のときは栄養に気をつけるのが難しいので、普段の生活でどのようにしたらよいか相談させてください」

こんなふうに言ってみると、減量成功の道筋が開けてくる気がしませんか？

行動を変えようとする際に、やる気やモチベーション、理由を見つけていくのに役立つ手法として、医療・福祉領域で実践されている「**動機づけ面接法**」（Motivational Interviewing）というものがあります。動機づけ面接法についてはこのあとの Scene 16 ででも登場しますが、ここで取り上げるのは、そのなかの概念のひとつ、「**チェンジトーク**」（Change Talk）と呼ばれるものです。

チェンジトークとは、「変わりたい」「変えたい」「変わることに意義がある」といった気持ちが表れた言葉を指します。動機づけ面接法では、行動変容に向かうポイントとして、患者やクライエントのチェンジトーク

の出現に特別な注意を払います。この考え方を応用して、私たちも行動をポジティブに変える可能性のある語彙を自分の中からできるだけ多く引き出せるとよいのではないかと考えます。

　ここで注意しておきたいのは、決して、つねにイエスマンになるようにすすめているのではないということです。"Yes, but" の連発で、関係がこじれてしまったり、より前向きでポジティブな将来の可能性を台なしにしてしまうのではなく、こじれる前に、あるいは可能性を台なしにする前に、とりあえず "Yes, and" の語彙のパワーを使って、心の方向を変えてみてはどうかという提案です。

Work 7
心の方向転換

Step 1.

　ここ1週間を振り返ってみて、誰かから指示されたり、注意されたり、アドバイスを受けたことがあれば、その状況を思い出してください。

職場で：

日常生活で：

それ以外：

Step 2.

　その状況でどんな反応をしたかを思い出してください。言葉に出さな
かった場合でも、自分の心の動きに注目してください。さらに、それぞれ
が "Yes, but" 的なものか、"Yes, and" 的なものかを見極めて、チェッ
クを入れてみてください。

あなたの反応	Yes, but	Yes, and
職場で：		
日常生活で：		
それ以外：		

Step 3.

　次回、"Yes, but" の心の動きが出るような状況に出くわしたときに、
"Yes, and" の語彙を使って対応するとしたら、何と言いますか？

Step 4.

　上に書いたように対応できたら、どのような効果が得られると思いま
すか？

● リーダーシップへの応用

　同僚や部下がアイデアを提案したときに、あなたはどのように応じるでしょうか？ 「それは確かによいアイデアだ。でも、今は他の競合するプロジェクトがいくつかあるので、できない」とか、「それは、あの部長が認めるはずがない」とか、「それは時間がかかりすぎるからダメだ」などと言ってはじめから否定するのでは、相手の気持ちがへこんでしまいます。ここでも、"Yes, and" の語彙を心がけて、同僚や部下のやる気や創造性を高めていきませんか？

　例えば、会議の場面であれば、はじめに "Yes, but" と "Yes, and" を簡単に説明したうえで、「この会議では "Yes, but" は禁止！」といったゲーム的な導入を試してみるのもよいかもしれません。会議中に "Yes, but" が出てきたときには、それを言った人を責めるのではなく、「それって "Yes, but" だよね」と言って、ゲームのルールに反するからといったニュアンスで、即座に流れを次の "Yes, and" に向けていきましょう。この手法は、特にブレーンストーム的なミーティングの場合にとても役立ちます。"Yes, and" 推進委員としてリーダーシップを発揮できれば、きっと創造的なアイデアが飛び交うチームになることでしょう。

Scene 15
がんばっているのに
充実感がない

　著者らは二人とも長年、病院やクリニックで診療、研究、教育にたずさわり、医療従事者と深く関わってきました。そこでは、医師や看護師が、患者さんの命を救い、クオリティオブライフを高めるために、どれだけ懸命に働いているかを見てきました。そんな医療従事者の中には燃え尽きてしまう人も少なくなく、究極のところ、自死にまで至ってしまう人もいます。「社会的地位も高いし、給料もよさそうだし、どうして？」と思われるかもしれません。

　日々、新しい診断法や治療薬、術式などに関する新しい研究成果が発見されていくのは、とてもありがたいことです。ただ、それらの莫大な量の複雑な情報をつねに取り入れて、最新の知見に基づいたベストの医療を日々提供し続けていくことは、医療従事者に大きな負担を要します。医療機関間の競争もある中、限りなく増え続ける規制や要求基準を満たすための努力もしなければなりません。さらに、患者のために誠意を尽くしてケアに当たっているにもかかわらず、その意図がうまく伝わらず、患者から苦情を受けることも増えてきています。そのような状況の下、燃え尽きてしまうわけです。アメリカでは、燃え尽きの症状を示す医師が42％もいるという報告もあります。

　アメリカの医療機関で、医師や看護師のためのウェルネスプログラムが盛んに行われるようになったのには、そんな背景があります。

燃え尽きないために

　どうして医療従事者の話をしているかというと、実は、企業で仕事をしている人にも、医療従事者が経験しているのと同じような**燃え尽き**の原因となる要因が数多くあるからです。

　数多くのノルマを満たすのに四苦八苦していませんか？　これは、限られた数の医療従事者で多くの患者にケアを提供しなければならない状況と似ています。

　一生懸命にやっているのに、それが上司や同僚、もしくはクライアントから認められないことがありませんか？　医師が患者のために全力全身を尽くしているのに、患者から苦情がきたりするのと似ています。

　マーケットを取り巻く状況が目まぐるしく変わっていき、追いついていくのが大変だと感じていませんか？　これは、最新医療情報についていくのに、どこかで限界を感じている医師の状況と似ています。

　そこで、ここでは「**感謝エクササイズ**」という、アメリカの医療従事者向けのウェルネスプログラムで実際に行われ、効果がすぐに感じられると評判の高いワークについて紹介したいと思います。その方法はいたって簡単です。

「**一日の終わりに感謝することを3つ書き留めること**」です。

「たったそれだけで、何が変わるの？」と思われるかもしれませんが、とりあえず試してみてください。

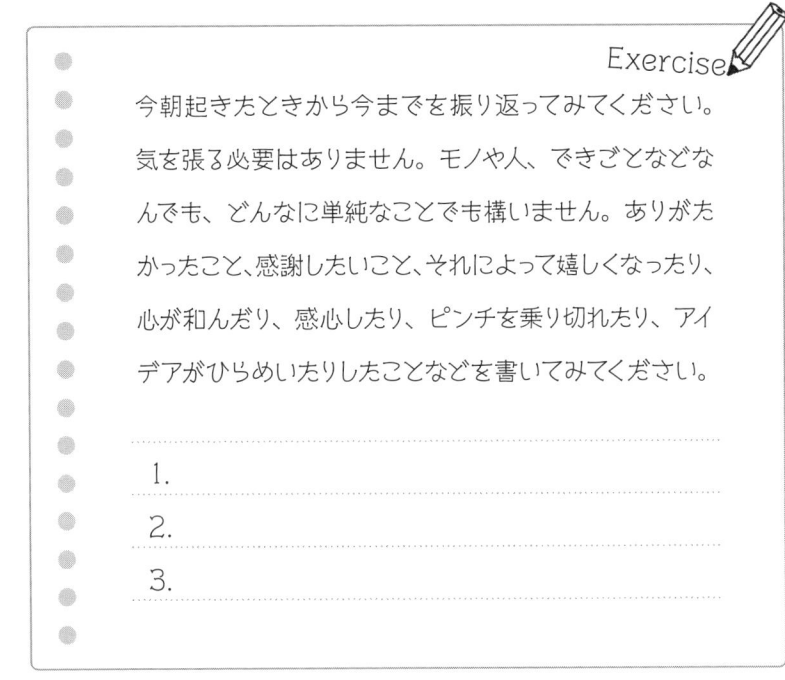

今朝起きたときから今までを振り返ってみてください。気を張る必要はありません。モノや人、できごとなどなんでも、どんなに単純なことでも構いません。ありがたかったこと、感謝したいこと、それによって嬉しくなったり、心が和んだり、感心したり、ピンチを乗り切れたり、アイデアがひらめいたりしたことなどを書いてみてください。

1.

2.

3.

感謝エクササイズと逆制止理論

　楽しくない考えが悪循環してしまう、堂々めぐりしてしまうという経験は、誰しも覚えがあるのではないでしょうか。私たちの多くは、不快なこと、不運なこと、悪いことなどに注意を向けがちです。そして、何かを「しないように」しようとするのは、実はとても難しいことなのです。ちょっと実験をしてみましょう。

　──犬を想像してみてください。でも絶対に、青い犬は想像しないように。

　どうでしょう。青い犬なんて今まで見たこともないのに、なぜか頭の中に青い犬が浮かんでしまいませんでしたか？

　不快なことや不運なことに注意を向けるのはやめましょうと言っても、

それはかえって意識を強めてしまいます。効果的なのは、それに拮抗する新しい習慣を組み込むことです。Scene 9 で紹介した「**逆制止理論**」の考え方と同じく、「**感謝エクササイズ**」は、ネガティブな気分の悪循環を、意図的に、でもやんわりと断ち切るのに役立つ方法です。

　　　　　　　　　　この感謝エクササイズの習慣を具体化するのに役立つのが、「**恩恵日記**」（Gratitude Journal）と呼ばれるものです。日記用にお気に入りのノートブックを購入すると、自己投資したという実感から、この新たな習慣へのコミットメントを高めるのに役立つかもしれません。

　日記のかわりに、付箋のような小さな紙に「感謝すること」を書いて、ビンに入れることを提案している人もいます。透明なビンに入れることで、「感謝」で中身がいっぱいになっていくのが見られるのも楽しいですね。

　恩恵日記で自分のなかに感謝を蓄積していくうちに、相手に実際に感謝を伝えたいと思うようになったら、**感謝の手紙**を送ってみてはいかがでしょうか。個人的にメールや LINE で送るのもよいですし、会社のチームでシェアするのもひとつだと思います。私が仕事で医療従事者のウェルネスのサポートをしていたときに、カリフォルニアのある病院では、医師や看護師、医療助手、受付係といったスタッフが、休憩室の掲示板にサンキューカードを貼りつけていました。チームメンバーへの感謝の気持ちを形にすることで、医療チームの団結力が高まった例として記憶しています。

　恩恵日記に書くことがどうしても浮かばない場合や何となくマンネリ化してきてしまった場合には、右のリストを参考にしてみてください。

恩恵日記の例

できごと
- 友人から気分の上がるメールをもらった
- カフェでバリスタが笑顔で応対してくれた
- 新しいヘアスタイルを同僚からほめられた
- まとまりにくそうな商談が一歩前進した
- 会議でプレゼンがうまくいった
- SNS の投稿に「いいね！」がたくさんついた
- 子どもが歩き始めた

モノに関すること
- おいしいステーキ（おいしさ）
- とても美しい夕焼け（美しさ）
- 子どもやペットのベストショット（愛らしさ）
- 悠久の時を刻む屋久島の大木（壮大さ）
- 今まで見たことのない深海の生物（新奇性）
- きちんと時刻どおりにくる電車（恒常性）
- 歩き疲れたときにみつけた駅のエレベーター（機能性）

人に関すること
- 愚痴を辛抱強く聞いてくれた友人
- おいしい食事を作ってくれた人
- その材料の野菜を育ててくれた人
- 自分にない視点を提供してくれたインタビュー番組の出演者
- 飲み会をセッティングしてくれた後輩

当たり前だと思っていたことへの気づき
- コーヒーの香りを楽しめる嗅覚
- 澄んだ青空を見ることのできる視力
- 繊細なダシのうまみを感じ取れる味覚
- 肌にやさしい着心地（触覚）
- 柔らかく包み込んでくれる布団の暖かさ
- 人と人との温かいつながりを感じとれる心

Scene 16
やる気が出ない、
続かない

　やりたいことがないわけではないけれども、いざやろうとすると、二の足をふんでしまう。やらなければならないとわかっていても、なかなかやる気が出てこない、やる気が続かない──そんな経験をしたことはありませんか？

　自分なりのやる気を見つけ、それを高めていく方法として、Scene 14でも取り上げた「**動機づけ面接法**」を応用してみたいと思います。動機づけ面接法は、もともとはセラピストがクライアントと対話するときに用いるコミュニケーションの技法なのですが、セルフケアとして自分に対して使うこともできそうだと考えました。

Work 8
重要度チェック

Step 1.

　まずは、自分がやりたい、もしくはやらなければならないと思っていることを1つ考えてください。運動習慣を改善したいとか、新しい外国語を習得したいとか、もっと子どもと過ごす時間を増やしたいなど、やりたいと思っているけれども、実際に取り組むところまではいっていなかったり、何度か始めたもののうまく継続できていないことを選んでみてください。

私がやりたいこと： ....

Step 2.

やりたいことをはっきりと文字にしたら、次の質問に答えてみてください。

【質問】あなたがやりたいと思っていることは、どれくらい重要だと思いますか？　0から10までの間で、0が「まったく重要でない」、10が「とても重要」とすると、どれくらいでしょうか。あてはまる数字を○で囲んでください。

| 0 | 1 | 2 | 3 | 4 | 5 | 6 | 7 | 8 | 9 | 10 |

まったく重要でない　　　　　　　　　　　　　　　　　とても重要

Step 3.

次に、○で囲んだあなたの数字から3を引いてみてください。もしも7を○で囲んだ人は、7−3＝4になります。4を○で囲んだ人は？　そうです。3を引きますから、1になります。

私の数から3を引いた数 ....　（△とします）

Step 4.

ここで、このワークの中で一番大切な質問をします。

もともと選んだ数＝○、3を引いた数＝△として、自分自身に問いかけてください。

【質問】「私は、やりたいことの重要度として○を選んだ。どうして○
　　　　を選んだのだろう？　△を選ぶこともできたにもかかわらず、
　　　　○を選んだ。どうして、△ではなく○なのか？」

　思い浮かんできた理由をすべて記入してください。理由は具体的に書いてみてください。

....

....

....

　理由を何度か読み直し、心の中で明確なイメージにしてみてください。

　いかがでしょう。ワークをやる前と比べると、この習慣が自分にもたらす価値についてもっとポジティブに考えるようになったり、もっと興味が深まっていたりしませんか。「明日からさっそくやってみよう！」とまではいかなくても、「やってみようかな」という気持ちは高まったのではないかと思います。

自分の心の舵をとる

　人には自分の習慣を変えることを避ける傾向があります。習慣はこれまで長年かけて築き上げてきて、安定しているものですから、それを変えるにはエネルギーが要ります。友人や家族、上司や医師から、こうしたら、

ああしたらと言われることがあるでしょう。私たちは、たとえそれが正しいことだと頭では理解できても、相手のアドバイスに反発することに貴重なエネルギーを費やしてしまいます。その結果、やる気を起こすためのエネルギーがなくなってしまうのです。

そこで、このワークでは、アドバイスに反発して貴重なエネルギーを無駄づかいすることのないように、質問の仕方を工夫しています。重要度について、「どうして、△ではなく○を選んだのか?」（例えば、「私は重要度として6を選んだ。3を選ぶこともできたのに。どうして、3ではなく6を選んだのだろう?」）と自問することで、習慣を変えることのポジティブな側面に、意図的に注意を向けさせるようにするのです。

ワークを行う際は、手順に忠実に進めることが肝心です。例えば、もし3を引くかわりに、3を足してしまうと、「私は重要度として6を選んだ。9を選ぶこともできたのに。どうして、9ではなく6を選んだのだろう?」という質問になってしまいます。尺度を使って重要度について考えてみるという意味では似たような方法ですが、その効果はまったく逆で、やる気がへこんでしまうような理由が出てきます。実際に試してみるとわかりますが、それではやる気を高めることにはなりません。

この方法によって、向かうべき方向へと意図的に自分の心の舵をとることができます。身につけておくと、よりよい自分をめざして一歩を踏み出すための強力なツールとして役立つはずです。

Scene 17
何をやっても
うまくいかない気がする

「がんばった自分にご褒美をあげる」として、少しだけ値の張るものを奮発してしまう「ご褒美消費」が活況を呈する一方で、実は自分に対してとても厳しかったり、《自分はダメだ》と決めつけて自分を傷つけている人は少なくありません。おいしいケーキを食べたり、スタイリッシュなバッグを買うことなどでは解消できないモヤモヤ感に悩まされていませんか？《自分は何をやってもうまくいかない》と悲観しているあなたに、ぜひ試してもらいたいツールがあります。

自分への思いやり

　周りの人に対してやさしくしたり、敬意を払ったり、思いやりをもって接することは人間として最も大切なこととして、子どものころから私たちの道徳心の深いところに刷り込まれています。ですから、あなたの大切な友だちがなんらかの理由で悲観しているときや困っているときに、それを助長するように「本当にあなたってダメな人！」なんて言うことはないでしょう。それなのに、自分が失敗したり落ち込んでいるときには、なぜか友だちには絶対に言わないような言葉で自己批判をして、心をズタズタにしてしまいがちです。

　自己を否定してしまうと、解決策をこれから見出していく可能性を持っている「自分」そのものが凍結してしまいます。そんな状態では、うまい解決策が見つかるはずもなく、さらに落ち込んでしまい、《やっぱり自分

はダメだ》と悲観するという悪循環が続く一方です。Scene 6、7で解説した「**ディスカウント**」が働いているためです。

　ダライ・ラマは、「他人に愛情とやさしさを感じ、彼らが幸せで苦しまないことを望むには、同じことをまず自分自身に願わなければなりません」「自分に親切でなければ、他人にそうあることはできません」と、自分に対する思いやりの大切さを述べています。

　ポジティブ心理学の領域でも、**周りの人に対する思いやりや慈悲心**を指す「**コンパッション**」（Compassion）の研究を基盤に、**自分自身に対する思いやり**である「**セルフ・コンパッション**」（Self-compassion）の効果と活用方法について、テキサス大学オースチン校のネフ（Neff）准教授を中心に研究が重ねられています。

「自分に対してもっと思いやりを持つようにしましょう」と言うことは簡単ですが、いざ心がけようとしても、具体的にどうしたらよいのかわからず、へたをすると単なる自分の甘やかしや自己愛的なものにおちいってしまうこともあります。そこで、ツールの紹介に入る前に、「**自分への思いやり**」の意味について少し詳しくみていきましょう。

＊

　苦しみや悩みは不快な経験であり、できることなら避けたいと忌み嫌われがちです。「自分への思いやり」のためには、こうした経験に直面した際に「**それを経験しているという事実を素直に受け止める**」ことが不可欠です。《こうすればよかった、ああすればよかった》と後悔にふけったり、《こうしてみよう、ああしてみよう》と解決策を急いだりせず、また《自分が完璧でないから、こんな思いをしないといけないのだろう》などと自己批判せずに、「**自分でコントロールできないことがこの世の中にはある**

んだ」と考えることが肝心です。

　旅行を企画したのに台風の影響で行けなくなったときには、《どうして台風の時期を避けなかったのだろう》と自己批判することもあるでしょう。プレゼンの最中に停電でプロジェクターが使えなくなったときには、《どうして紙ベースの資料を用意していなかったのか》と悔やむこともあるでしょう。けれども、「自分への思いやり」のためには、《自分は世界の天気をコントロールしているわけではない》《自分は電気会社を運営しているわけではない》ことを自分に思い出させてみてください（もちろん、電気会社を運営されている方は、別の受け止め方を考えたほうがよさそうですが）。

　次に大切なのは、「**苦しみや悩みは自分に限ったことではない**」ということ。それは、人類に普遍の経験であり、生きていくことの一部です。苦しんだり悩んだりしていることに対して、《やっぱり自分も人間だったんだ》と安心してみてください。

　完璧でない自分を受け入れることで、肩の荷が下りるのを実感する人も多いでしょう。また、自分に思いやりを持って接することで、自分の中に潜在している自分らしさや可能性が引き出されることも期待できます。

　では、「自分への思いやり」を高める具体的な方法の紹介に進みましょう。

Work 9
自分は自分の友だち

Step 1.

とても仲のよい友だちが悩んでいたり苦しんでいたときのことを思い浮かべてください。そんなとき、あなたはどのように接しますか？ その友だちに対して、どんな感情を持ちますか？ 友だちのためにどんなことを願いますか？ どんな語りかけをしますか？ 語りかける言葉だけでなく、その言葉を交わすときの口調についても想像してみてください。

Step 2.

今度は、自分が悩んでいたり苦しんでいたときのことを思い浮かべてください。そんな状況で、どのように対処しますか？ 自分にどんな言葉で語りかけますか？ その言葉をどんな口調で言いますか？

Step 3.

上の2つに違いがありましたか。あったとしたら、それはどうしてだと思いますか?

Step 4.

自分が悩んでいたり苦しんでいるときに、友だちに接するときのように自分自身に接してみると、どんなことが起きると思いますか?

自分のことを自分の友だちだと考えて接することで、「自分への思いやり」が湧いてきます。自分のことを厳しく非難している自分に気づいたら、このワークを思い出してください。

　ポジティブ心理学の専門家には、**マインドフルネスやメディテーション**を実践する人が多くいます（マインドフルネスのワークは Scene 19 で紹介します）。セルフ・コンパッションの提唱者のネフ准教授もその一人で、それらの手法を取り込んで「自分への思いやり」を育むアプローチを提案しています。具体例を紹介してみましょう。

　現在、悩んでいたり苦しんでいる困難な状況について思い浮かべます。ストレスを感じたり、不快感を覚えたりしてくるでしょう。そこで、心の中で次のようにつぶやきます。

「今は大変なときだ」

　この言葉に限る必要はありません。ここで大切なのは、今、自分が置かれている困難な状況に背を向けずに、かと言って、自己批判的になったり悲劇のヒロインになったりせずに、そのありようを素直に認めることです。「今は試練のときだ」とか、単に「つらい！」とか「困った！」などでも構いません。自分にしっくりくる言葉を選んでください。

　次に、苦しみや悩み、困難な状況は人生の一部であることを言葉にして、心の中でつぶやきます。

「苦しみは人生の一部」

　ほかにも、「このように感じるのは自分だけじゃない」とか「自分一人じゃない」「誰だって悩むことはある」「間違いをしない人はどこにもいない」など、自分の語彙にマッチするものを選んでください。人間は誰でも完璧ではなく、自分もその一人であることを思い出すことが目的です。

　それから、胸に手を当てて、手から伝わる温かみを感じながら、心の

中でつぶやきます。

「私が自分にやさしくありますように」

そのほか「自分に思いやりを持てますように」とか「自分に忍耐強くありますように」など、自分にやさしく寄り添っていきたいという願いを繰り返します。

このツールはとても簡単で、ちょっとした時間さえあればどこでもできるので、覚えておくと便利です。

Scene 18
どうしても
許せないことがある

　信じていた人に裏切られたり、嘘をつかれたり、陰で悪口を言われたり、恥をかかされたりして、心が傷ついたことはありませんか？　親からの愛情が十分でないように感じたり、わかりづらいかたちで表現されたりして、親子関係がギクシャクしたことはありませんか？　そのようなことが「まったくない」「一度も経験した覚えがない」と言える人はとてもラッキーで、大半の人は多かれ少なかれ経験しているのではないかと思います。

　努力はしてみたけれども、どうしても許せないことがある。割り切ってしまえば楽になれるとわかっているのに、心にとりついて離れないモヤモヤがある。そのことが、幸せな生活を送るさまたげとなっていると感じたら、ぜひ試してほしいツールがあります。

許すことのトレーニング

　不当に責められたり、評価が公平でなかったり、当然の権利（親からの愛情も含めて）が侵害されたことに対して憤るのは人間として自然の反応でしょう。ただ、その憤りによって、相手との関係がギクシャクしたり、そんなはずではなかったと感じたり、もしかすると自分もどこかで後悔していたりして、自分の**ウェルビーイング**（からだやこころ、社会的に健康で幸福な状態）に支障をきたしていることに気づいたら、状況を見直してみるのも手です。

　1990年代、私がカリフォルニアにあるスタンフォード大学医学部の疾

病予防研究所に勤務していたときの同僚に、フレッド・ラスキン（Luskin）という友人がいます。当時、ポストドクターのフェローだった彼は「**許すことのトレーニング**」と呼ばれる方法を開発し、現在ではその領域の第一人者となっています。

許すことのトレーニング

　ラスキンは、カウンセリングやグループワークを通じて「許すこと」を身につけるプロセスをサポートしてきました。最初の研究では、自分のことを振った恋人や離婚した相手、価値観を無理やり押しつけた親などが許しの対象でした。その後、許しの対象は大きく広がり、歴史的悲劇にまでおよぶ国際的な研究にも力を注いでいます。カトリックとプロテスタントの間の軋轢（あつれき）によりたくさんの血が流れた北アイルランド紛争もそのひとつです。戦場で息子を失った母親が、ラスキンのトレーニングにより、自分の息子を殺した敵を許すことができるにいたったという事実を聞いたときには一瞬、耳を疑いましたが、「**許すことのトレーニング**」の奥深さをもっと知って、自分自身の「許せないリスト」を見直してみたいと思うようになりました。

「許すことのトレーニング」の大前提は、**許しは対象となる相手のために行うものではなく、自分のために行うものである**ということです。「許してあげる」といった表現が示唆するような、「相手のためになること」とは異なります。ですから、「あなたのことを許します」と面と向かって言うようなことは、トレーニングには含まれません。あくまでも、自分のウェルビーイングが目的です。「絶対に許さない」と心に決めたのに、自分の中のどこかで何かがひっかかっている。そんなあなたの心の負担の軽減に役立ててほしいと思います。

Work 10
許すことのトレーニング

Step 1.

　まずは、あなたが経験している不快な感情について、しっかりとクリアに認識しましょう。怒りでしょうか？　それとも憤りでしょうか？　不満と言ったほうがもっと正確に言い表しているでしょうか？　もしくは、心の痛みでしょうか？　自分の体験にしっくりくる言葉を書き止めてください。

　ここで注意したいのは、「あのことさえなかったら」とか、「相手が謝りさえすれば」とか、「もう忘れてしまおう」などと考えたくなる誘惑に屈しないようにすることです。このようなストラテジーは、おそらくこれまでに何度もトライして、いずれも失敗に終わってきたものだからです。

　不快な感情は、過去の経験によって引き起こされたものであるけれども、その感情は「**現在もなお経験している**」ということをはっきりと心で

受け止めることが大切です。仕方なかったなどと曖昧にしないようにしましょう。その経験と感情について自分なりに明確にまとめられたら、親友など心の許せる人に打ち明けましょう。

Step 2.

　自分の気持ちを楽にし、心の重しを軽くすることに取り組む「**決断**」をしましょう。「許すことに取り組む！　自分自身のために！」とメモ帳やカレンダーに書き込むのも手です。繰り返しになりますが、許すことは、誰のためでもなく、あなた自身のためなのです。

Step 3.

　許すことは、必ずしも、あなたを傷つけた人との仲直りや関係修復を意味するものではありません。ゴールは、**あなたが心の平穏をみつけ、あなた自身のウェルビーイングを高めること**です。許せないと思っていることを書き出してみましょう。不快な経験について、「自分のすべてが否定された」とか、「人格を無視された」などの極論に走りたくなるところをぐっとこらえて、「**ストーリー**」として書き留めましょう。

Step 4.

　「**今、ここで**」に注目します。現時点で何が起きているのかについて考えてみるわけです。今、実際に自分を苦しめているのは何でしょうか？　1

カ月前、あるいは 10 年前に起きた事件そのものでしょうか？　もちろん、その事件がきっかけになっているのは確かですが、物理的にはその事件はすでに終わっています。よく考えてみると、あなたを苦しめているものの正体は、実は「**現在、ここで感じている不快な感情**」なのです。許すことは、現在、体験しているこのようなネガティブな心の動きに対するヒーリングを目標としているのです。

Step 5.

　どうしても心が落ち着かないときには、目を閉じて 5 から 1 までゆっくりカウントダウンしたり、腹式呼吸を何度か繰り返したり、簡単なストレスマネジメントの方法を試みましょう。

Step 6.

　相手に期待することをあきらめましょう。関係の改善や仲直りへの希望を持って、それに向かってがんばることは素晴らしいことですし、努力可能なことでもあります。ただ、相手や周りの人を自分の思いどおりに行動させるような力を持っている人は一人もいません。特に親しい相手や、親しかった相手について考える場合に、彼らに期待することを「あきらめる」ことはとても難しいものですが、「あの人が謝ってくれさえすれば」とか「あの人が先にメールをくれさえすれば」など、自分でコントロールできないことにエネルギーを消耗する、不毛な状態に後戻りしてしまいます。

Step 7.

　不快な経験を心の中でいつまでも反復している自分に気づいたら、意

図的に**エネルギーの方向を変えましょう**。自分のウェルビーイングのための代替策をみつけることに力を注ぐようにするのです。Scene 9 で紹介した「逆制止」の手法を思い出して、不快さの対極にあるもの、例えば優しさや美しさ、愛情といったポジティブなエレメンツを自分の周りで探すように心がけましょう。

Step 8.

　許すことはあなたが持っている「**パワー**」です。充実した生活を送ることは、これまで許せなかったことや人に対する**リベンジ**とも考えられます。**傷ついた感情に心を占拠されることで、あなたを傷つけた相手にコントロールされ続けるのはやめましょう。**

Step 9.

　Step 3 で記した、とても不快だった経験にまつわるストーリーに、次の章を書き加えましょう。**許すことを決心し、その決心を貫いたあなたの勇断についての章です。**

Scene 19
一日が
25 時間あればと思う

　時間に追われる現代人の生活で、「一日があと1時間、いや 30 分でも長ければ……」と思ったことのない人はいないでしょう。

　そんな悩みに対するアドバイスのほとんどは、「一日は 24 時間しかないという現実は変えられない」ことを前提に、時間を明確に区切って、重要性の高いものから順番にスケジュールを割り当てていきましょう、という「時間管理」に基づくものです。アドバイスの中には、「睡眠の時間は非生産的なものである」という信念のもと、早起きをして（睡眠時間を削って）運動する時間をつくりましょう、といったものもあります。この方法に関しては、質の高い睡眠が健康やクリアな思考活動のためにも重要なことが明らかにされてきていますので、一概にはおすすめできません。夜寝る前や朝起きた後にベッドの中でスマホをいじりながら、無目的になんとなく過ごしていたとしたら、その時間を有効に使うことはよいかもしれませんが。

　また、限られた時間の中でより多くの成果をあげようと、通勤電車の中でオーディオブックを聴いたり、昼食をとりながら午後の会議のための書類に目を通したりという具合に、「無駄な時間」を減らす努力を強いられている人もいるのではないでしょうか。

　そのような努力が功を奏すこともちろんあるでしょうし、それによって少しでも数多くの人がクオリティの高い生活を送れるようになっていることを願ってやみません。ただ、そのようなアドバイスに従っていくら努

力しても、次から次へ重要性の高いものが現れては、一日の予定表を占拠していき、充実感もないまま、自分のための時間なんてまったく考えられないという人もいるのではないでしょうか。そんな状況におちいってしまっている人に試してほしいアプローチを紹介します。

● マインドフルネスを知っていますか？

「**マインドフルネス**」という言葉を聞いたことがあるでしょうか？　元々は仏教の瞑想に根ざしたものでしたが、のちに宗教色が払拭され、ストレスマネジメントの位置づけでアメリカのヘルスケア、さらには企業や学校に広がっていきました。最近、日本でもマインドフルネスの本が多く出版されるなど、注目を集めています。仏教色の薄いアメリカではじめに盛んになり、仏教にゆかりのある日本に輸入されてきているのはとても興味深いところです。

　座禅を行ったり、ヨガと組み合わせたり、本格的なものから気軽に試せるものまで、さまざまなマインドフルネスの方法が提案されていますが、その根幹の目的は「**自分のための時間を過ごすこと**」にあります。ですから、日々、競合するプライオリティのために、回り車の中で走り続けているハムスターのようだと感じる人にこそ、マインドフルネスを試してほしいのです。回り車を止めてみると、それまで見えなかったものが視界に入ってくるはずです。

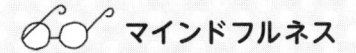 ## マインドフルネス

マインドフルネス（mindfulness）、特に**マインドフルネス瞑想**などと聞くと、何かあやしいもののようで、その信憑性を疑いたくなる人もいるでしょう。アメリカでもてはやされるようになった現状は別として、当初は、医学部でその有効性の検証が行われてきました。宗教色を排するために、行動科学的な言葉を用いて説明に努めてきたことにより、マインドフルネスは、自分の注意の向け方を意図的に変えることを促す、極めて行動科学的な手法であることが認められました。その後、不安やうつなどに対する効果、さらには集中力や創造性向上の効用も多く紹介されるようになりました。

マインドフルネスのもうひとつのハードルは、実施時間の長さです。「一日 20 分間、坐禅を組んで瞑想にふける」といった説明に、ただでさえ時間に追われている現代人はしりごみしてしまうことでしょう。実際、その実施については、1 分間でよいという専門家もいれば、20 分間を厳守する伝統尊重派もいます。しかしながら、「ああでなければならない、こうでなければならない」という排他的な見方は、マインドフルネスの原則に反することです。そうではなく、一定の基本原則はふまえつつ、そのエッセンスをうまく生かして、自分なりのマインドフルネスを実現できるようになればよいのではないかと思います。

マインドフルネスを実践した人からは、「自分と周りへの気づきが高まり、人間関係が良好になった」とか「クリアに物事を見つめられるようになった」といった効用が頻繁に聞かれます。ただ、そのような実益的な成果や効率のほかにも、マインドフルネスを実践することで今までよりも時間に余裕があると感じられるようになったという人も多くいます。

● 実践！ マインドフルネス

さっそく、マインドフルネスのエッセンスを試してみましょう。マインドフルネスの目的は自分のために時間を過ごすことですので、**ノイズ**をできるだけ取り除くことが大切です。ノイズには、テレビの音や家族の話し声など耳から入ってくるものや、パソコンの画像やテーブルの上のおいしそうなポテチなど目から入ってくるもの、極端に寒いとか暑いなど体で感じるものなどがあります。なるべく心地よい静かなところで目を閉じることにより、このような外的なノイズは最小限にとどめることができます。

外的ノイズに加え、締め切り時間が迫っているとか、とてもお腹が空いているといった内的なノイズもあります。そもそもは内的なノイズを低減するために取り組むのがマインドフルネスなのですが、最初のうちはそのようなタイミングは避けたほうが無難でしょう。

外的、内的ノイズをできるだけ最小限にとどめたら、椅子に座ってください。体の柔軟性に自信のある人は、床で座禅を組んでも構いません。

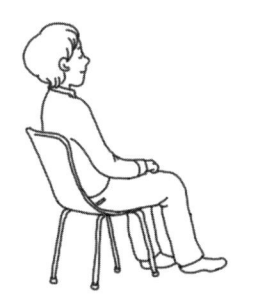 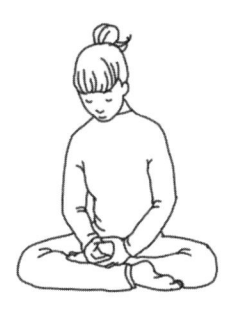

＊

次に、目を閉じます（目を閉じると不安になる人は開けたままでも構いません。その場合は、壁か床のある一点をぼんやりと見るようにするとうまくいく場合が多いようです）。目は閉じますが、**「心の目」** を自分の呼吸

に向けるようにします。鼻から空気が入っていく感覚や口から息が出ていく感覚などです。呼吸に呼応して、お腹がふくらんだり、へこんだりすることに目を向けることもよいでしょう。

＊

それができたら、今度は少しだけ心の視野を広げてみます。心に訪れる刺激を何とか除外しようと懸命に努力するのではなく、その「**訪問者**」の存在に気づくようにします。エアコンの音など普段は気づいていなかったような外的刺激から、肩の凝りや鼻の頭のかゆみなど体が感じる刺激、さらには《夕食は何にしようか》《明日のプレゼンで気になっているところは》など、さまざまな考えも訪れてきます。

マインドフルネスの基本は、今現在の自分に起きていることの良し悪しを評価したり、その解決策を模索したりすることを避け、そのまま受け止めることにあります。「訪問者」を拒絶することももてなすこともまったく必要ありません。「訪問者が来たな」と心の中で「受け流す」ようにします。受け流すことが難しくなって心が揺らいだり乱れてきたと感じたら、呼吸に注意を向け直します。

心が落ち着いたら、また、少しだけ心の視野を広げてみます。

＊

これを繰り返します。

今現在、自分が経験していることに対して、評価や判断、対策など、普段ありがちなマインドの活発な活動を避けながら、ぼんやりと注意を向けることで、数多くのノイズの存在に気づくでしょう。マインドフルネスでは、それらをコントロールするのではなく、それらとどのように付き合っていくかを学んでいくのです。

Work 11
2 粒のレーズン

マインドフルネスの方法は、瞑想を取り入れたエクササイズだけではありません。マインドフルネスのワークショップで、誰でも発想の転換を余儀なくされるデモンストレーションとして人気のワークを紹介します。必要なのは2粒のレーズンです。これをマインドフルに食べてみましょう。

手元に2粒のレーズンが用意できたら、まずは1つめを普段どおり食べてみてください。その経験を心に留めておいてください。

次に2つめのレーズンを手にとります。

Step 1.　観察する

ゆっくりと時間をかけてレーズンを観察します。しっかりと細部まで注意を払って眺めてみてください。他の惑星から地球にきて初めてレーズンを見たかのように注意深く観察します。レーズンの微妙な色合いやどこに光沢が見えるか、デコボコ、左右非対称なところなど、このレーズンに特有の点を探索します。

Step 2.　触れる

レーズンをつまみ、その硬さやデコボコがどのように感じられるかなどを指で探ります。このとき目を閉じると、触感をよりクリアに感じられるかもしれません。

Step 3.　香りをかぐ

レーズンのにおいをかいでみましょう。鼻から息を吸うたびに、その香

りの微妙なところに気づくようにします。

Step 4.　口に入れる

　レーズンを口に持っていきます。自分の手がレーズンを口に持っていくのに必要な動きを厳密に行っていることに気づきましょう。いよいよ口の中にレーズンを入れます。しばらくの間、かまずに舌の上に乗っているレーズンが口の中にもたらす感覚に焦点を当ててみましょう。舌を使ってレーズンをもっと探ってみるのもよいでしょう。

Step 5.　味わう

　さあ、レーズンを味わうときがきました。レーズンをかみしめるためにレーズンを口の中のどこに配置しているかにも注意を払ってください。では、注意深く一度、二度かんでみます。味が口の中に広がっていくのを感じましょう。味だけでなく、触感にも注意を払ってみてください。すぐに飲み込まずに、味や触感が時間とともに変わっていく瞬間、瞬間に気づいてみましょう。

Step 6.　飲み込む

　いよいよレーズンを飲み込みますが、飲み込もうと決めた自分の意図にも目を向けます。実際に飲み込む前に、自分で意識的に決めたんだという事実にも気づきます。

Step 7.　フィナーレ

　最後に、レーズンを飲み込んだあと、それがのどを通りお腹に入っていくのを感じましょう。このエクササイズをしたあとで、体全体がどのように感じているかを感じとります。

いかがでしたか。これまで何の気なしに口に放り込んでいたレーズンに対する見方、さらには、少し大げさかもしれませんが、世界観が変わりませんでしたか?

瞑想にしろレーズンを使ったエクササイズにしろ、時おり時間を割いて、非日常性（将来的には、その非日常性が普段の生活の中に統合されていくようになるのが究極の目的ですが）を経験してみることを心がけてください。「一日が25時間あればよいのに」と物理的に不可能なことを求めるよりも、マインドフルネスを通して、時間や空間、経験について新たな観点を取り入れることで、あなたの毎日がより充実したものになるよう願っています。

Scene 20
単調な毎日を
リセットしたい

　素晴らしい光景や建造物を見て、畏怖の念に打たれたことはありませんか？　旅行先で「これを絶対に見たい！」と思っていたものが、期待どおり、あるいは期待以上に素晴らしかったとか、テレビのチャンネルを変えているときに、ある特集番組が目にとまり、スペクタクル感あふれる映像についつい見入ってしまったことなど、それらは頻繁に経験するものではありませんが、心に強い印象を残すものです。

　では、あなたが「目を見張る」「息を呑む」「圧倒される」「がく然とする」などの表現が当てはまるような経験をしたのはいつでしたか？　それはどこでしたか？

　富士山頂で、うっすら明るくなった地平線からついに太陽が顔を出し、その光が世界を包み込んだ瞬間でしょうか？　屋久島で天にも届きそうな大木を見上げたときでしょうか？　コンサートホールでダイナミックなベートーヴェンの第九を聴いたときでしょうか？　正倉院展でとてつもなく昔に作られた螺鈿紫檀五絃琵琶の巧みなデザインに感銘を受けたときでしょうか？　それとも、深海に生息する不思議な姿の生き物たちがサバイバルのためにどのように適応しているかについて紹介するテレビ番組を観たときでしょうか？

　このような経験は、かなり昔のことでも鮮明に思い出せるのではないかと思います。そのときに感じた畏怖の念も、一緒に心の中に蘇ってきませんか？

1分間でできるリセット法

「**畏怖の念**」に関する研究は、カリフォルニア大学バークレー校のケルトナー（Keltner）博士らによって始められた、ポジティブ心理学の中でも比較的新しい分野です。畏怖の念を経験することが私たちのウェルビーイングに与える影響について解明されつつあるのです。

　ポジティブな感情の経験、特に畏怖やそれに近い驚異などの経験の頻度が多い人は、少ない人と比べて、第2型糖尿病や心臓病、関節炎などとの関わりが示されているサイトカインの量が低いことが示されています。ただ、このような研究では、これはパーソナリティの問題で、畏怖の経験をしやすいパーソナリティの人にしか当てはまらないのではないかという疑問がわいてきます。

　そこで、生理的なものを指標とするのではなく、「時間の余裕があるかないか」の感じ方について、畏怖の経験を意図的に導入する群と導入しない群とにランダムに分けて比較した実験もあります。畏怖の経験を引き出しそうなコマーシャル（大きな滝、あるいは宇宙飛行士などの圧倒的な経験に遭遇していそうな人々のイメージ）を見た学生と、そうでないコマーシャル（幸せそうな色彩豊かなパレードを観ている人々のイ

メージ）を見た学生とを比較しています。結果は、前者のほうが後者よりも「時間に余裕がある」と感じるということでした。ここで使われたコマーシャルは、ほんの1分間でした。この多忙な毎日、1分間の過ごし方の違いで時間に余裕があると感じられるようになるとしたら、試してみる価値はありそうです。

　どうして畏怖の念を経験することがウェルビーイングに役立つのか、そのメカニズムは今後だんだんと明らかにされていくと思います。これまでにわかっているのは、畏怖の念を引き起こしやすい経験とは、自分の常識の枠を超えて、壮大なもの、美しいもの、緻密なものに遭遇したときに起こるということです。そこでは、自分の力を超えたものの存在が感じられ、自分の世界観が揺るがされ、当たり前だと思っていたことの「**修正**」が必要となります。その結果、自分がそれまでと比べて小さく感じられるようになると同時に、周りの自然や超自然的な存在との深いつながりも感じられるようになります。

　ということで、毎日、単調な生活を繰り返していると感じている人、その単調さをリセットしたい人に、日ごろから「畏怖の念」を引き出しそうな経験を積極的に探求するよう心がけることをおすすめします。

身の回りにもある「畏怖」

「畏怖」の経験を求めて、屋久島に大木を見にいくとか、小笠原諸島にスキューバダイビングに行くとか、海外に範囲を広げて、グランドキャニオンに行くとか、スカンジナビア半島の氷河を見にいくなど、旅行を計画するのもひとつです。でも、時間にもお金にも余裕がないし、そんなことはできないという人も少なくないでしょう。

　問題ありません。畏怖の可能性は日常生活のいろいろなところにも潜んでいるのです。

　例えば、通勤の途中、普段は何気なく通り過ぎてしまう公園に足を運んでみてください。一本の大きな木をみつけたら、立ち止まって見上げてください。屋久島の大木とまではいかなくても、元気にすくすくと伸びている枝、葉の隙間からあふれる光が作り出すきらめきを楽しむことができるはずです。

　屋久島であれ、近くの公園であれ、素晴らしい光景に出会ったら、まずはそこにどっぷりとつかってみることです。そして、どっぷりとつかっている自分そのものを感じるようにしてください。「**今、ここで**」に注目することが大切です。これは Scene 19 で触れた**マインドフルネス**の原則にもつながるところがあります。インスタ映えする写真を撮ることに躍起になって、その素晴らしい瞬間を見失わないようにしましょう。まずは、畏怖の気持ちを十分に味わって、インスタ映えするショットはそれからでも遅くありません。

　もちろん、自分で直接経験をするのが難しい場合も多くあります。そんなときには、かわりに他の誰かが記録してくれた映像や画像、音色なども利用できます。直接、宇宙から地球を見ることができる人は限られていますが、宇宙飛行士が撮った写真をしみじみと眺めることは私たちにもできます。時おり、素晴らしい光景のスクリーンセーバーに見入って、仕事に戻るのをためらってしまうのは、私だけでしょうか？

　さらに、過去の経験も応用可能です。これまでにあなたが畏怖の念に抱かれたことのある状況を思い出してみてください。

　壮大なもの、神聖なまでに美しいもの、超絶的に巧みなものなど、自

分の常識の枠を揺さぶるものとの出会いが、いつもの日常に風を吹き込み、きっと新鮮な気持ちで再スタートを切ることができるはずです。

● Memo ●

～ 気がついたこと、試してみたいことを書き留めておきましょう。～

おわりに

　この本を読んで、「日常生活の中で自分でも何となくやろうとしていることだな」と思われた方もいらっしゃるかもしれません。

　ここで紹介する手法は、心理学のさまざまな理論を基盤としていますが、そもそも心理学とは、人間の日常の感情や行動、つまり、私たちが生活に適応するために自然に行ってきたことを理論化したものなのです。日ごろ当たり前に感じていることを、あらためて理論的に整理してみると、より納得できる気がしませんか？　納得できたら、次はぜひ日々の習慣として、こころのセルフケアを意識的に実践していただければと思います。

　ストレス社会といわれる現代、私たちの誰もがストレスと隣り合わせで生きています。けれども、自分のこころを守る術を知っていれば、ストレスとうまく付き合っていくことができるでしょう。《最近、何だか楽しくないな》と感じたら、ぜひこの本に書かれている内容を思い出してみてください。

　また、この本の後半では、英語圏で探索されてきた比較的新しいこころのケアの方法やツールを取り上げています。そのエッセンスは、日本に暮らす読者の方にも役立つものと考えています。ただ、英語で培われた概念を日本語で的確に表現することはとても難しいものです。使う言語やボキャブラリーそのものが、発想の仕方や行動パターンに伴う感情に強く影響を与えるからです。どことなく不自

然に感じられたり耳慣れない表現に出合うこともあるかもしれませんが、そのことが新しい糸口を見出すきっかけにつながればと願っています。

　こころのセルフケアのための新しいスキルを身につけることで、自分にも周りにもやさしく、自信をもって自分らしく、意義ある生活を送っていただければ幸いです。

　最後に、本書の編集に携わってくださった金子書房の天満綾氏にお礼を申し上げます。彼女の忍耐強く、クリエイティブな編集なしには、本書を完成させることはできませんでした。
　心から感謝しております。

　世界中の人々が幸せでありますように
　平成最後の年に

中村延江・近本洋介

● 著者紹介

....

中村 延江

桜美林大学名誉教授／中央心理研究所所長

日本大学医学部附属板橋病院心療内科臨床心理担当、日本大学医学部第一内科兼任講師、早稲田大学非常勤講師、山野美容芸術短期大学保健学科教授、桜美林大学大学院心理学研究科長・臨床心理学専攻教授を経て、現在に至る。臨床心理士。日本交流分析学会名誉理事・認定交流分析スーパーバイザー。『初学者のための 交流分析の基礎』（共著、金子書房）ほか著書多数。博士（老年学）。

近本 洋介

ケアリング・アクセント（Caring Accent）主宰

獨協医科大学越谷病院小児科で臨床心理担当を経て、渡米。スタンフォード大学、カリフォルニア州立大学、アメリカン大学勤務ののち、カリフォルニアのカイザー・パーマネンテ、ニューヨークのマウント・サイナイ医療機関にて医師のコミュニケーションスキルアップのプログラムをリード。シリコンバレーでケアリング・アクセントを創設、コミュニケーションとイノベーションのコンサルティング、トレーニングを行う。博士（健康教育学）。

こころのセルフケア

ストレスから自分を守る 20 の習慣

2019 年 3 月 22 日　初版第 1 刷発行　〔検印省略〕

著　者　中村延江・近本洋介

発行者　金子紀子

発行所　株式会社 金子書房

〒 112-0012 東京都文京区大塚 3 − 3 − 7
TEL 03(3941)0111 (代) ／ FAX 03(3941)0163
振替 00180-9-103376
http://www.kanekoshobo.co.jp

イラスト ミヤジュンコ　　本文 DTP （有）tt-unit

印刷 藤原印刷株式会社　　製本 株式会社宮製本所

図解＆ワークでわかる・身につく

初学者のための
交流分析の基礎

・・

中村延江・田副真美・片岡ちなつ　著

■B５判・並製　■ 124 ページ＋カラー図版６ページ
■定価 本体 2,600 円＋税

人生に役立つ、自己理解とコミュニケーションの心理学

交流分析を初めて学ぶのに最適な入門テキスト。

自己分析を通して、性格の成り立ちや対人関係の仕組みが理解できる。

基本となる４つの分析を中心に、図解つきでわかりやすく解説。

振り返りに役立つワークも満載。